武相四十八観音霊場

武相四十八観音霊場は、武蔵国（八王子市、日野市、多摩市、町田市）と相模国（相模原市、大和市、横浜市の一部）に開かれた48の札所からなる観音霊場。12年に一度、卯《う》歳《どし》の春にだけ、秘仏となっている観音の厨子《ずし》の扉が一斉に開かれる。第1回の開扉《かいひ》は、江戸時代中頃の宝暦9（１７５９）年。神仏の開帳を軸とする宗教的な高まりを背景に、寺院が連携して企画し実施したものと考えられ、三十三霊場として始まっている。その後、寺院の加入や脱退などにより札所の数は変化してきたが、第21回の開扉、平成11（１９９９）年には48ヶ所になっている。

※お寺と御朱印所が離れていたり、無住のお寺で近くの民家や自治会などが管理している所もあるので、事前に確認しておくと安心。

第1番

鶴間山《つるまさん》 観音寺《かんのんじ》

高野山真言宗

●武相寅歳薬師如来
第二十一番

MAP P102

開基＝不詳
開創＝不明
本尊＝十一面観世音菩薩

武蔵と相模の境、境川のほとり。山門の背後にある大銀杏が印象的

▲本堂。本尊の十一面観世音菩薩は慈覚大師の作と伝えられる

高金剛峯寺を総本山とする野山真言宗の寺。古くは地蔵菩薩を本尊とし「真言院」、「金亀坊《こんきぼう》」という呼び名であったとも伝えられる。

縁起によれば、江戸中期、この地域の大火の際に十一面観世音菩薩を祀った観音堂だけが難を免れたことから「観音寺」に改めたとされる。

また、青山往還《あおやまおうかん》（厚木大山街道、現国道246号の元になった道）の「赤門寺」とも呼ばれ、遠くは川崎方面からの

御詠歌

補陀落《ふだらく》や
はじめ鶴間《つるま》の
観音寺《かんのんじ》
法華経《ほけきょう》うたに
うたう巡礼《じゅんれい》

DATA

住所 神奈川県大和市下鶴間2240

問い合わせ ☎046-274-2451

拝観時間 9:00～17:00

アクセス 東急田園都市線「つきみ野」駅から、徒歩約18分、車で約6分。

駐車場 あり

http://www.kannon-zi.jp

▲観世音菩薩像は平成元（1989）年に落成された

▲聖徳太子像が安置される六角形の太子堂

▲金亀坊稲荷。本殿は天保2（1831）年造営とされる

参詣者も多かったという。

観音寺は、武蔵と相模の境を流れる境川のほとりにある。境内に入って右手には、金亀坊稲荷、山門を入り銀杏の大木を仰ぎ見て進むと、左手には太子堂がある。正面に、本尊、十一面観世音菩薩を祀った本堂がある。

寺に保管されている「厨子《ずし》」は、天文13（1544）年の作とされ、室町時代後期の貴重なものとして大和市の指定重要有形文化財にもなっている。

ワンモアポイント

本堂には、本尊のほか、恵心僧都作とされる薬師如来をはじめ複数の仏像が祀られる。

御朱印

❶武相第一番　奉拝　脇尊
❷梵地蔵菩薩　薬師如来　聖徳太子
❸梵字「キャ」　本尊十一面観音
梵字「キャ」
❹相州大和　下鶴間　鶴間山　觀音寺
相州鶴間山觀音寺印

第2番

陽向山《ようこうさん》 随流院《ずいりゅういん》

曹洞宗

「火防《ひぶせ》の観音」として親しまれる 長津田駅近くの寺

▲境内奥にある落ち着いた佇まいの本堂は、かつての観音堂であった

長津田一帯を治めていた江戸幕府の旗本、岡野家の菩提寺である慈雲山大林寺《だいりんじ》（随流院から徒歩3分ほど）と縁の深い曹洞宗の寺。

ここの聖観世音菩薩は、岡野家の奥方の守り本尊で、その屋敷に安置されていたという。屋敷の近くで火災があると、「なんぞ早く我が名を称せざるや」と人々の目を覚まさせる大声が聞こえ、火災から町を救ったとされる。この寺伝が元となり、今も「火防の

MAP P102

開基＝不詳
開創＝元亨４（１３２４）年
本尊＝聖観世音菩薩

御詠歌

長津田《ながつだ》に
弘誓《ぐせい》の舟《ふね》や
つけつらん
随流院《ずいりゅういん》に
法《のり》の観音《かんのん》

DATA

住所 神奈川県横浜市緑区長津田5-4-30

問い合わせ ☎045-983-5720

拝観時間 9:00〜17:00

アクセス JR横浜線・東急田園都市線「長津田」駅から、徒歩約2分。

駐車場 あり

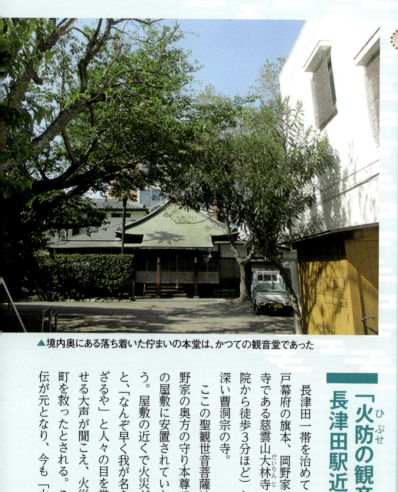

▲境内には昭和26（1951）年開園の「田奈保育園」がある

▲大通りから少し奥まった路地の先に入口がある

▲境内の一角に大切に祀られている桜木稲荷

観音」として親しまれている。「長津田駅」南口を出て、歩道から少し奥まった門を入ると、左手に小さなお稲荷さん、さらにその奥に本堂がある。以前の境内は長津田駅や線路用地にまで広がっていたが、鉄道開通のために土地を提供し、縮小された。本堂は当時の観音堂だったという。

境内の左隅にある「畜《ちく》霊《れい》塔《とう》」の碑は、馬を使って運搬業を営む業者が1950年に建立したもので、当時の交通事情をうかがうことができる。

ワンモアポイント

開創当時は「長蔦寺（ながつたでら）」と呼ばれ、「長津田」の地名の元になったともいわれる。

御朱印

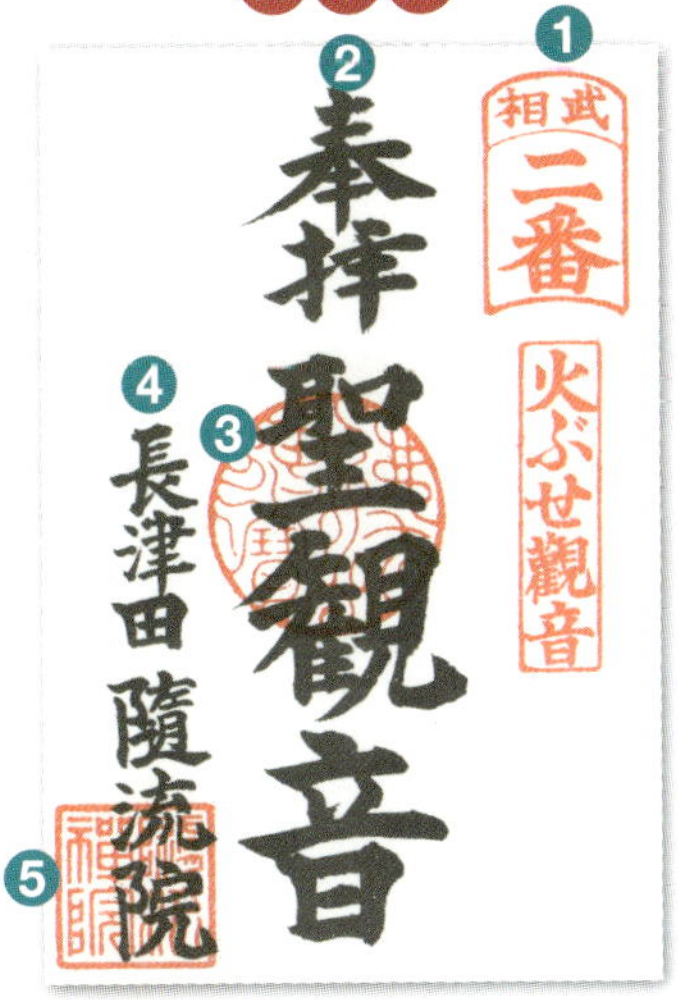

❶武相二番　火ぶせ観音
❷奉拝　聖観音
❸仏法僧宝
❹寺長津田　髄流院
❺髄流禪院

第3番

大峰山《だいほうざん》 松岳院《しょうがくいん》

曹洞宗

MAP P103

開山＝正翁長達大和尚
開基＝石丸有定公
開創＝元亀3（1572）年
本尊＝釈迦牟尼仏

▲本堂正面の雌雄の銀杏の樹はまるで鳥居のように見える

雌雄《しゆう》の銀杏の木が鳥居のように人々を迎える

大本山は福井県の永平寺《えいへいじ》と神奈川県鶴見の總持寺《そうじじ》。元亀3（1572）年に青梅市の名刹、天寧寺《てんねいじ》の末寺、曹洞宗の禅寺として、この地に開山された。開基は当時、奈良村を知行した旗本、石丸家の祖、有定とされる。元の寺号は、「正覚院」であったが、後に「松岳院」と改められた。境内には、石丸家三代目、定勝が建立した祖先三代の供養塔が遺されている。

松岳院があるのは、東急こ

御詠歌

勤行《ごんぎょう》の
かね観世音《かんぜおん》
奈良堂《ならどう》で
読誦《どくじゅう》もうたも
同《おな》じきようおう

DATA

住所 神奈川県横浜市青葉区奈良2-4-7
問い合わせ ☎045-961-4914
拝観時間 9:00～16:00
アクセス 東急こどもの国線「こどもの国」駅下車、徒歩約10分、車で約3分。または、JR横浜線「成瀬」駅から、神奈川中央交通バス「こどもの国駅」行きで、「松岳院前」下車。
駐車場 あり
http://www.shogakuin.jp

▲鐘楼の脇には、愛らしい掃除小僧像がある

▲平成7（1995）年に建立された鐘楼堂

▲松岳院の最古の伽藍である山門

▲お寺が永代にわたり供養する永代供養塔

どもの国線西側の小高い丘の上。山門を抜けると、一対の銀杏の樹があり、左に鐘楼が建つ。鉄筋コンクリート造りの本殿には、再度の火災から難をのがれた本尊釈迦如来が鎮座し、右側に大権修理《だいけんしゅり》菩薩、左側に菩提達磨《だるま》大《だい》和尚《おしょう》が祀られている。さらに、右角には、石丸三代の位牌、左手には剣《けん》石《せき》地蔵が安置されている。観音像の聖観世音菩薩は、奈良村にあった観音堂に安置されていたが、水害のために松岳院に移された。

ワンモア ポイント

剣石地蔵（男根崇拝の石像）は末寺であった瑞円寺（廃寺）から引き継がれたという。

御朱印

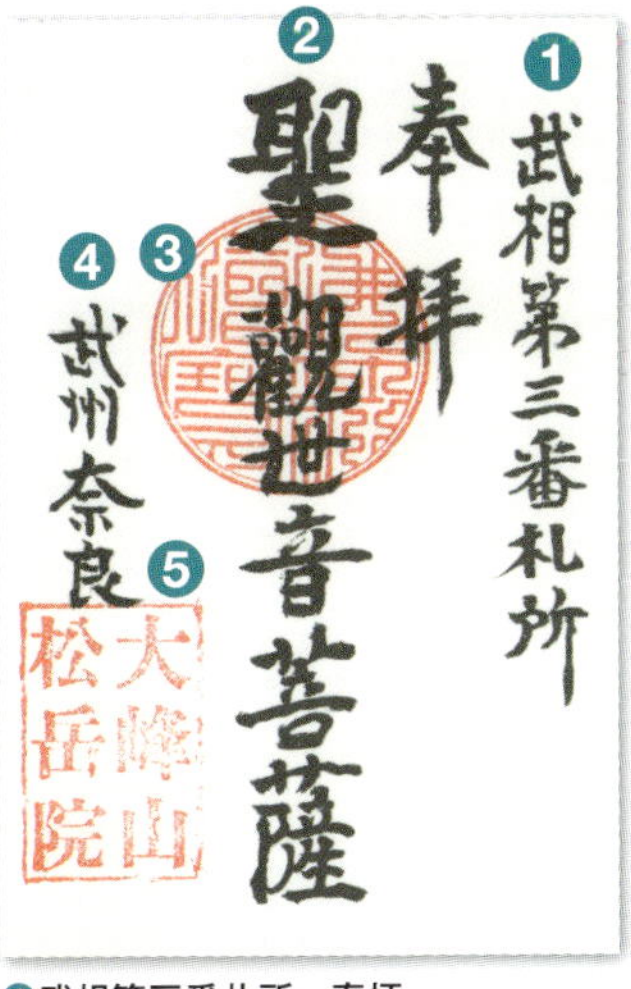

❶武相第三番札所　奉拝
❷聖観世音菩薩
❸仏法僧宝
❹武州奈良
❺大峰山松岳院

第4番

三枝山《さんしさん》 観性寺《かんしょうじ》

曹洞宗

▲鉄筋構造の立派な本堂には、如意輪観世音菩薩が祀られている

地元の人々が守り続ける無住お寺。子育て観音様としても有名

曹洞宗、龍谷山 成就院 東雲寺（町田市成瀬）の三世松山南茂和尚が、慶安４（1651）年に開山したと伝えられる。観性寺は、町田市にある武相四十八観音霊場のなかでは、最も東にあり、横浜市に近い位置にある。

無住の寺であるが、地元の方々が守り続け、昭和61（1986）年には、現本堂が建立され、境内も整備されている。年中行事や法要は東雲寺住職が管理している。

御詠歌

松風《まつかぜ》の
響《ひび》きが成瀬《なるせ》
観世音《かんぜおん》
妙《たえ》に聞《き》こゆる
谷川《たにがわ》の音《おと》

MAP P102

開山＝三世松山南茂和尚
開創＝慶安４（1651）年
本尊＝如意輪観世音菩薩

DATA

住所
東京都町田市西成瀬2-11-8

問い合わせ ☎なし

拝観時間 9:00～17:00

アクセス
JR横浜線「成瀬」駅から、車で約7分。または、JR横浜線「成瀬」駅から、神奈川中央交通バスで、「観性寺前」下車。

駐車場 あり

▲境内のなかにある日枝社の鳥居

▲観性寺の入口。階段の上に本堂がある

▲こぢんまりとした日枝社の拝殿

▲境内には七福神のひとつ弁財天がある

本堂に祀られる本尊の如意輪観世音菩薩は、行基の作と伝えられる木座像である。

本堂新築時には、子どもが明るく健康に育つようにと願いがこめられ、大仏師・松久宗琳作の子育て観音も祀られた。

観性寺の対面には、「山王様」と称される日枝社の鳥居があり、階段を上った右手に拝殿がある。日枝社は、観性寺と同様に東雲寺により管理されている。

ワンモアポイント

子育て観音様としても有名で、多くの子育て中の親が参拝する。

御朱印

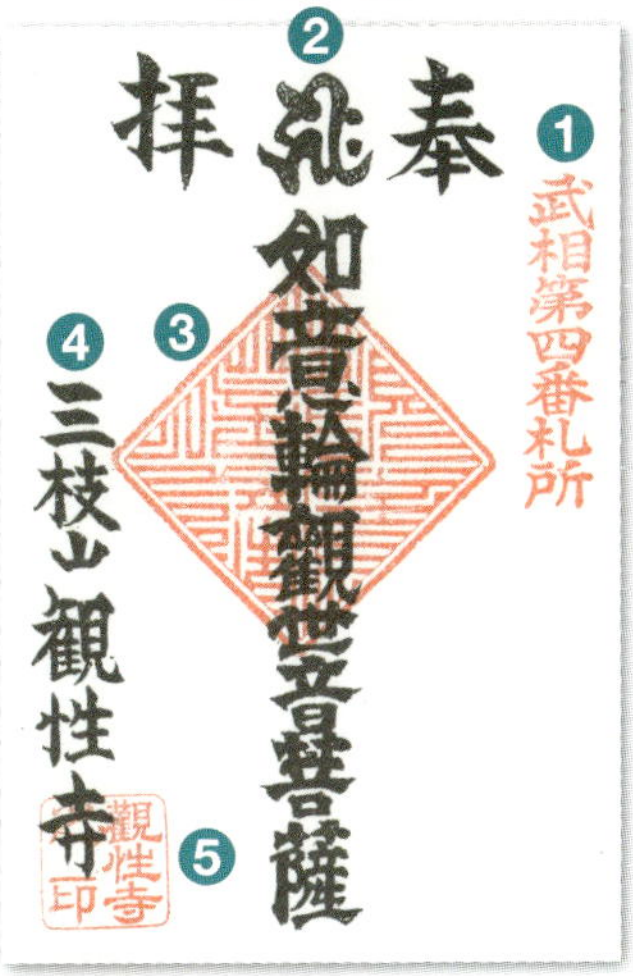

❶武相第四番札所
❷奉拝　梵字　如意輪観世音菩薩
❸仏法僧宝
❹観三枝山　観性寺
❺観性寺之印

第5番

鶏足山《けいそくざん》 養運寺《よううんじ》

浄土宗

MAP P103

開基＝光蓮社伝誉上人
開創＝永禄10（1567）年
本尊＝阿弥陀如来

▲本堂は2年の年月をかけて改築され、平成28（2016）年に建てられた

住宅街の丘の上 四季折々の花に彩られる寺

八王子市にある極楽寺を本寺とする浄土宗の寺。永禄10（1567）年、光蓮社伝誉上人による開基とされるが、前身は文永年間（1264～74年）の天台宗寺庵とも伝えられ、鎌倉時代からあった寺と考えられる。

養運寺のある本町田は、江戸時代以前は町田の中心地域だったが、現在は住宅街となっている。石段を上った丘の正面に本堂、その左に聖世観音菩薩が祀られる観音堂が

御詠歌

巡　礼《じゅんれい》を
待《ま》ちし町田《まちだ》に
宿《やど》かりて
笈摺《おいずる》ぬいて
念彼観音《ねんぴかんのん》

DATA

住所
東京都町田市本町田3654

問い合わせ ☎042-722-4545

拝観時間 9:00～17:00

アクセス
JR・小田急線「町田」駅から、車で約15分。または、JR・小田急線「町田」駅から、「藤の台団地」行きバスで、「養運寺」下車、徒歩約3分。

駐車場 あり

▲境内には妙貞観世音菩薩が祀られている

▲路地から階段を上った先に山門がある

▲本堂横には同時期に改築された観音堂が建つ

ある。本堂に祀られている弥陀三尊は、室町時代中期の作とされ、町田市指定有形文化財になっている。

鐘楼は、平成11（1999）年に再建されたもので、旧鐘楼にあった小松均画伯筆の牡丹と蓮の花の天井画は寺で保存されている。鐘楼前に立つ大木はムクジロの木。町田市銘木百選に選ばれており、秋には、たくさんの茶色い実をつける。また、春先には梅の花、5～6月にはシャクナゲの花が境内を彩る。

ワンモアポイント

ムクジロの木は「無患子」と記されるため、子どもが病気を患わない縁起の良い物といわれている。

御朱印

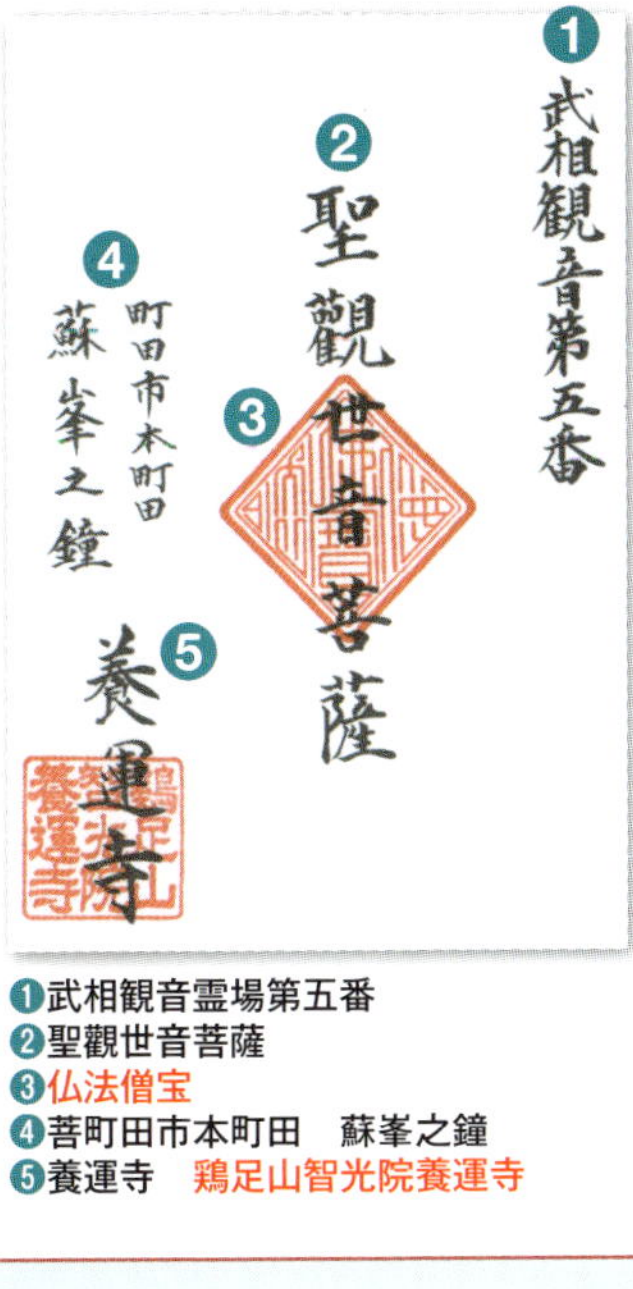

❶武相観音霊場第五番
❷聖観世音菩薩
❸仏法僧宝
❹菩町田市本町田　蘇峯之鐘
❺養運寺　鶏足山智光院養運寺

第6番

岩子山《いわごさん》 千手院《せんじゅいん》

真言宗

●関東八十八ヶ所 第六十四番
●多摩八十八ヶ所 第十二番
●多摩川三十四観音 第三十四番

MAP P104

開基＝行基
開創＝聖武天皇の御代（724〜749年）
本尊＝千手千眼観世音菩薩

▲多数の仏像が安置されている本堂は、昭和47（1972）年に新築された

奈良時代の開基と伝えられる小野路の丘の上にある古刹

真言宗豊山派の寺。聖武天《しょうむてん》皇《のう》の御代、僧行基《ぎょうき》の開基と伝えられる古刹である。その後、戦乱で焼かれるなど没落したものの、江戸時代には幕府の寄進を受け再興した。高僧が居住し、師弟の養成をする修行の場でもあったようだ。

千手院がある小野路は、江戸時代には鎌倉街道の宿場町として栄えた地だという。石段を上り山門を入ると、正面に本堂があり、左手の池の中島に弁天堂、さらに石段を

御詠歌

誓願《せいがん》も
多《たか》き岩子《いわご》の
観世音《かんぜおん》
歴劫不思議《りゃっこうふしぎ》の
見仏《けんぶつ》と利《き》く

DATA

住所 東京都町田市小野路町2057

問い合わせ ☎042-735-2151

拝観時間 9:00〜17:00

アクセス 小田急線「鶴川」駅から、車で約15分。または、小田急線「鶴川」駅から、「聖蹟桜ケ丘」、「多摩センター」、「永山」行きバスで、「岩子山」下車。

駐車場 あり

▲本堂と同時に新築された奥の院（観音堂）

▲山門へと続く石段にも古刹らしい趣がある

▲池の赤い橋をわたった先に弁天堂がある

▲鐘楼。九尺四方、鐘は径二尺五寸、高さ三尺五寸

御朱印

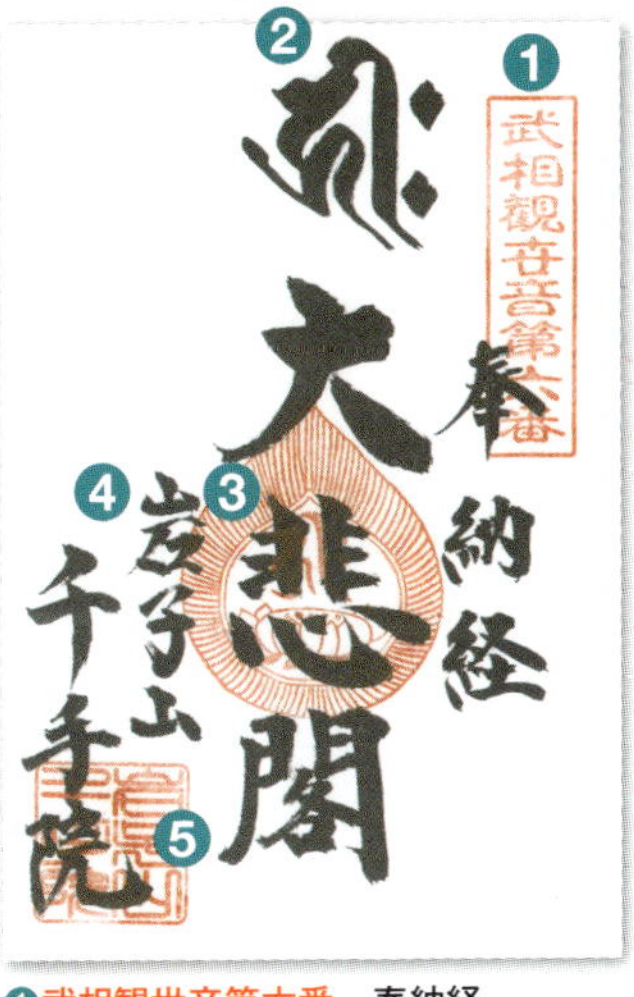

❶武相観世音第六番　奉納経
❷梵字　大悲閣（だいひかく）
❸梵字「キリク」
❹岩子山　千手院
❺岩子山千手院

ワンモアポイント

本堂の左手にある修行大師像は、笠を取って腰掛けている珍しい石像である。

上った高台に奥の院がある。

本尊は、江戸時代前期の仏師、安芸守作（１６２８年）の千手千眼観世音菩薩で、現在は観音堂（現・奥の院）から本堂に移されている。また、天保５（１８３４）年に四国から流れ着いたとされる弘法大師像も祀られ、永仁３（１２９５）年作の阿弥陀如来が彫られた板碑《いたび》や、インドやタイ王宮寺院より請来《しょうらい》の釈迦如来像も保管されている。奥の院には、十一面観世音菩薩が祀られている。

第7番

慈眼山《じげんざん》 観音寺《かんのんじ》

真言宗

●多摩川三十四観音 第十二番

MAP P104

開基＝唐僧
開創＝建久3（1192）年
本尊＝聖観世音菩薩

▲本堂が境内の大部分を占め、周りにさまざまな仏像が祀られている

「せきど観音」として親しまれる鎌倉時代の古戦場跡近くの寺

真言宗豊山派の寺。開創は、建久3（1192）年、後鳥羽《ごとば》天皇《てんのう》の御代で、唐僧が聖観世音菩薩を草庵《そうあん》に安置したのが始まりと伝えられる。古くは「関戸《せきど》観音堂」といわれ、観音さまの寺として信仰を集めた。現在は「せきど観音」と呼ばれ親しまれている。

大栗川《おおぐりがわ》と乞田川《こったがわ》とが合流するこの地に関所と鎌倉街道があったことから、鎌倉時代は宿場町として栄えていた。元弘3（1333）年、鎌倉幕

御詠歌

真如《しんにょ》かい
かすみが関《せき》の
観世音《かんぜおん》
慈眼《じげん》さんじて
救《すく》い洩《も》らさず

DATA

住所
東京都多摩市関戸5-31-11

問い合わせ ☎042-375-7432

拝観時間 9:00〜17:00

アクセス
京王線「聖蹟桜ヶ丘」駅から、車で約5分。または、京王線「聖蹟桜ヶ丘」駅から京王バスで、「関戸」下車、徒歩約1分。

駐車場 あり

▲ゆるキャラのような表情の「せきど観音（なで観音）」

▲やさしいお顔の六地蔵

▲墓地にある修行大師（弘法大師空海上人）の像

御朱印

❶武相第七番　奉拝
❷聖観世音
❸梵字「サ」
❹慈眼山　観音寺
❺慈眼山觀音寺

ワンモアポイント

多摩八十八ヶ所霊場十六番、多摩十三仏霊場五番の札所でもある。

府が滅亡するきっかけとなった新田義貞《にったよしさだ》と鎌倉幕府との「関戸の戦《たたかい》」の場でもあり、毎年5月16日に亡くなった兵士の供養を行っている。

なお、多摩市内の旧鎌倉街道沿いには、関戸合戦における戦死者の墓や石碑が多く残っている。

墓地には、関戸村の名主で、江戸時代に活躍した相沢五《あいざわご》流《りゅう》家の墓があり、本堂前には、五流の父、了栄《りょうえい》によって奉納された地蔵菩薩が安置されている。

第8番

清谷山《せいこくさん》 真照寺《しんしょうじ》

真言宗

●多摩八十八ヶ所 第十七番

●多摩川三十四観音 第十一番

MAP P104

開山＝弘意僧都
開創＝長和年間（1012～1016年）
本尊＝大日如来

▲昭和48（1973）年、かつての面影を残したまま復元再建された山門

安産、子育ての観音として古くから信仰される観音さま

総本山は京都東山の智積院で真言宗智山派の寺。弘意僧《こういそう》都《ず》により長和年間（1012～17年）に開山されたといわれている。

真照寺があるのは、多摩川と浅川の合流点下流の落川地区。遺跡発掘から、ここには、奈良から平安時代にかけて一大集落があったと確認されている。

明治30年頃、この地域に赤痢が流行し、患者を観音堂に収容したため、流行の終息を

御詠歌

清《きよ》らなる 水《みず》に大悲《だいひ》の かげすみて
身《み》の罪咎《つみとが》を 洗《あら》ふ落川《おちかわ》

DATA

住所
東京都日野市落川1113

問い合わせ ☎042-591-1687

拝観時間 9:00～17:00

アクセス
京王線「百草園」駅から、徒歩約5分。

駐車場 あり

▲千手観世音菩薩を祀っている観音堂

▲本堂には、本尊の大日如来が祀られている

▲恵比寿堂。日野七福神の恵比寿天を祀る

▲山門を入ると左側に六地蔵が並んでいる

待って取り壊し焼却した。当時、観音堂に安置されていた聖観音像は本堂に移されていたが、大正10（1921）年の火災により、本尊の大日如来と山門以外、すべてを焼失。現在の千手観世音菩薩は大正11（1922）年に開眼されたもの。

境内には、寛政6（1794）年に建立の「武相八番、子安観音」と刻まれた石碑があり、この観音さまが安産、子育ての観音として、古くから信仰されていたことがわかる。

ワンモアポイント

「武相八番、子安観音」の石碑は、武相観音霊場の石造物で最も古い貴重なものである。

御朱印

❶奉拝　武相第八番
❷梵字　千手観世音菩薩
❸千手観音の梵字
❹清谷山真照寺
❺清谷山真照寺

第9番

桝井山《ますいやま》 松連寺《しょうれんじ》 観音堂《かんのんどう》

黄檗宗

MAP P104

開基＝中興
開創＝不明
本尊＝聖観世音菩薩

▲平安時代の作とされる本尊の聖観世音菩薩像が安置されている観音堂

平安時代から江戸時代までの貴重な仏像を安置する観音堂

松連寺は、現在の京王百草園がある場所にあった寺で、江戸時代には、景勝の地として名をはせていた。『新編武《しんぺんむ》蔵風土記稿《さしふどきこう》』には、松連寺の観音堂が「武相三十三札所」のひとつであるとの記載があり、江戸時代にはこの観音堂が札所であったことがわかる。

明治の初めに松連寺が廃寺となると、仏像などは庵があったこの地に移された。観音堂はいつしか、「百草観音堂」と呼ばれるようになり、

御詠歌

百草《ひゃくそう》を
薬《くすり》となさば さしも草《くさ》
標茅河原《しめじがわら》を
まもる観音《かんのん》

DATA

住所
東京都日野市百草849-1

問い合わせ ☎なし

拝観時間 9:00～17:00

アクセス
京王線「百草園」駅から、車で約5分。

駐車場 あり

▲「百草のシイノキ群」には見事な巨木が多い

▲「武相九番百草観音札所」と示す石碑

▲木々が茂る境内の奥に観音堂がある

百草園に隣接する百草八幡神社の氏子たちにより、守られ続けている。

観音堂には、本尊である聖観世音菩薩を中心に、十一面観音立像、大日如来座像、阿弥陀如来座像などが安置されている。

これらの仏像は、それぞれに平安から江戸時代までの各時代の様式を備え、美術的、技巧的に優れたものであるといい、「百草観音堂仏教彫刻群」として日野市有形文化財に指定されている。

ワンモアポイント

裏山に群生するシイノキは「百草のシイノキ群」として日野市指定天然記念物に指定されている。

御朱印

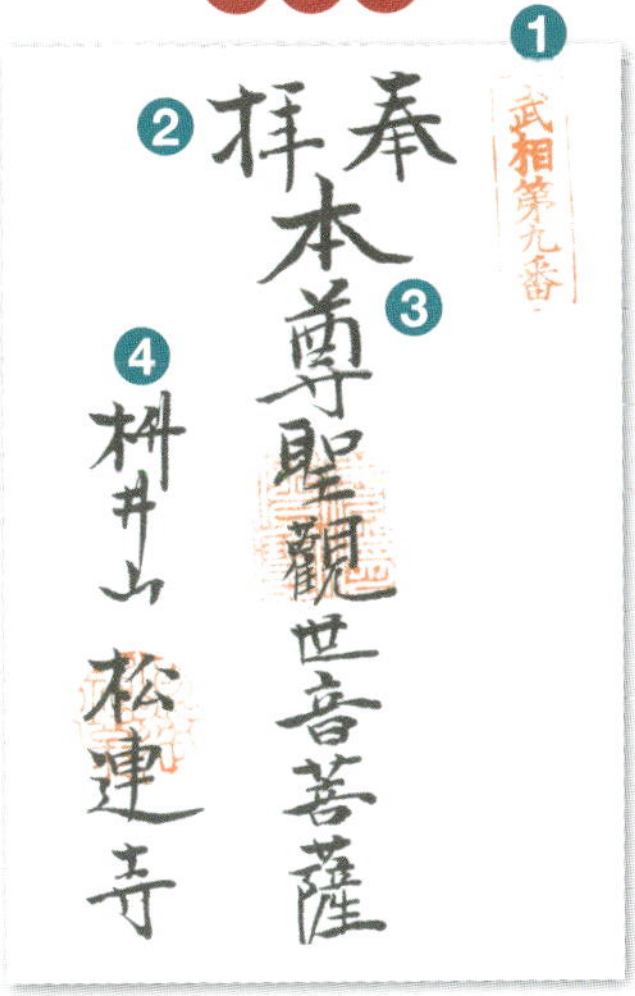

❶武相第九番
❷奉拝
❸本尊聖観世音菩薩
❹枡井山　松連寺

第10番

塩釜山《しおがまさん》 清鏡寺《せいきょうじ》

曹洞宗

●多摩八十八ヶ所 第十番

MAP P104

開山＝第四世照鑄禅師
開基＝小田肥後守源太左エ門
開創＝文禄元（1592）年
本尊＝釈迦牟尼仏

▲御手観音堂（大塚観音堂）。現在の建物は明治14（1881）年に再建された

「御手《おて》の観音」の手から出た五色の糸はお守りに

文禄元（1592）年、永林寺（八王子市下柚木）、第四世照鑄禅師により開山。本尊は、釈迦牟尼仏である。元々は北条氏再興の観音堂の別当寺であったという。

観音堂に安置されている千手観世音菩薩は、「御手の観音さま」として親しまれ、御開帳の時には観音の手から出た五色の糸を切って御守りとしている。足腰の病気の治癒祈願として、草鞋《わらじ》や草履が現在も多数奉納されている。

御詠歌

よもすがら
迷《まよ》える心《こころ》
おてひきて
清《きよ》きかがみを
照《て》らす大塚《おおつか》

DATA

住所 東京都八王子市大塚378

問い合わせ ☎042-676-8801

拝観時間 9:00〜17:00

アクセス 多摩モノレール「大塚・帝京大学」駅から、車で約5分。

駐車場 あり

▲観音堂のそばにある「ひで観音像」

▲御手観音入口を示す石柱。参道は石段へ続く

▲階段を上がると、清鏡寺の境内

塩釜山清鏡寺がある辺りは、江戸時代、大塚村塩釜谷戸といい、『新編《しんぺん》武蔵《むさし》風土記稿《ふどきこう》』には、ここの池の水には塩味があり、昔は塩を製していたという記載が残っている。石段を上った先、境内北側の高台にある観音堂には、千手観世音菩薩のほか、東京都指定有形文化財の十一面観世音菩薩も安置されている。

境内には明治初めに、中野村（八王子市）で塾を開き、教育に情熱を注いだ新選組、斉藤一諾斎《さいとういちだくさい》の顕彰碑がある。

ワンモアポイント

武相二十八不動霊場第十番の札所でもある。

御朱印

1. 多摩川観音十番　武相観音十番
2. 奉拝
3. 千手観世音　梵字
4. 清鏡寺
5. 清鏡禪寺

第11番

補陀山《ほださん》 大泉寺《だいせんじ》

曹洞宗

MAP P104

開山＝無極慧徹大和尚
開基＝小山田有重
開創＝永亨2（1430）年
本尊＝釈迦牟尼仏

木立に囲まれた風情ある佇まい 全山を観音の霊場と見立てた古刹

▲本堂。昭和46（1971）年に新築された鉄筋構造の建物

永亨年間（1429～40年）に無極慧徹《むごくえてつ》により開山された曹洞宗の寺。『新編武蔵風土《しんぺんむさしふど》記稿《きこう》』には、本堂、鐘楼、開山堂、禅堂、衆寮、観音堂、隠寮すべて整った町田地方の大寺と記載があるが、今もその面影をとどめる町田市屈指の大寺である。

三方を山に囲まれた谷戸《やと》に位置する大泉寺は、元々、鎌倉武士、小山田有重《おやまだありしげ》の城跡であった。全山を観音の霊場と見立てているだけに、木立の

御詠歌

わきいずる
恵《めぐみ》も深き
泉寺《いづみでら》
この補陀落《ふだらく》に
いるぞ頼《たの》しき

DATA

住所
東京都町田市下小山田町332

問い合わせ ☎042-797-9199

拝観時間 9:00～17:00

アクセス
小田急線「唐木田」駅から、車で約10分。

駐車場 あり

▲木立の中、重厚な佇まいを見せる中門

▲山門には「大泉禅寺」と書かれている

▲一体一体の表情が豊かな阿羅漢像

▲長い桜並木のあるまっすぐな参道

中に抱かれるような趣がある。
本尊、聖観世音菩薩の安置される観音堂は、参道途中の右手にある。ここの観音さまは、「見合い観音」といい、一月十七日の縁日には婚前の女性が盛装して参詣することで有名であった。また、参道はかつて観音馬場と呼ばれ、競馬も行われたという。
参道脇の木々に囲まれた丘の上には、観音堂のほかに、弁財天、秋葉社があり、さらに山門を抜け、重厚な趣の中門を抜けた先に本堂がある。

ワンモアポイント

開山堂の木造無極和尚座像は、東京都指定有形文化財になっている。

御朱印

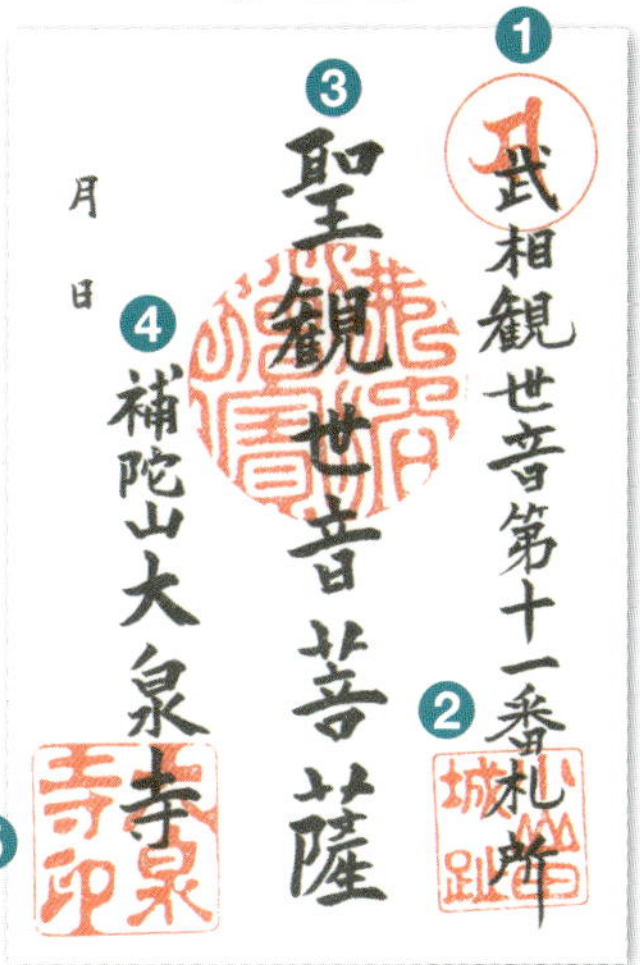

❶梵字　武相観世音第十一番札所
❷小山田城址
❸聖観世音菩薩　仏法僧宝
❹補陀山　大泉寺
❺大泉寺印

第12番

龍《りゅう》澤《たく》山《さん》 保《ほう》井《せい》寺《じ》

曹洞宗

MAP P105

開山＝四世照鑑
開基＝麒山麟永居士
開創＝天正年間（1573～1593年）
本尊＝虚空蔵菩薩

▲本尊、虚空蔵菩薩がお祀りされている本堂

「乳《ちち》の観音さま」として信仰される見事な椿のある寺

安土桃山時代、天正年間（1573～93年）末期に、北条氏の家人、麒山麟永居士（井上氏）が開基となり、永林寺（八王子市下柚木）四世照鑑が開山した。

保井寺があるのは、野猿街道から少し北に入ったところ。近隣には酪農家もあり、かつての農村風景を残している。

ここの観音堂は、明治24（1891）年に第十一番札所の大泉寺の住職にお願いして、観音寺（町田市下小山町）か

御詠歌

てらさわの
田《た》ごとの月《つき》の
あきらけく
大悲《だいひ》の光《ひかり》
あまねかるらん

DATA

住所 東京都八王子市堀之内547
問い合わせ ☎042-676-9416
拝観時間 9:00～17:00
アクセス 京王相模原線「京王堀ノ内」駅から、徒歩約12分、車で約4分。
駐車場 あり

▲日本ではここだけにしか咲かない「保井寺椿」

▲龍澤山保井寺と示す石柱から参道へ

▲現在の観音堂は昭和50（1975）年に建立されたもの

ら、本尊、如意輪観世音菩薩と二体の仏像を移したことから始まる。明治27（1894）年に武相観音霊場に加入した。

御本尊は、母乳の出が良くなる「乳の観音さま」としても信仰されている。

山門右脇には、「保井寺椿」があり、国内ではここだけにしか咲かない大輪の八重椿。さらに以前は、樹齢四百年以上で幹の太さが日本一という「五色椿」が立っていた。また、学僧としても名高い新撰組、斎藤一諾斎の墓がある。

ワンモアポイント

井上家の菩提寺として始まったことから、「保井寺」と名付けられたという。

御朱印

❶日本一の五色椿
❷如意輪観世音菩薩（画）
❸三宝印の梵字
❹武相第十二番
❺如意輪観音

第13番

吹王山《すいおうざん》 玉泉寺《ぎょくせんじ》

真言宗

▲昔ながらの質素な造りの本堂。手入れが行き届いた庭木も美しい

MAP P105

開基＝賢海
開創＝永徳3（1383）年
本尊＝不動明王

地域の人々から信仰され、温かく守られる「もかけの観音」

南北朝時代の永徳3（1383）年、賢海《けんかい》により開基された。当初は山王社《さんのうしゃ》（今の日枝神社）の別当寺だった。その後、明治初年に松木村 続木山 医性寺を合寺したと伝えられる。

観音堂の本尊、聖観世音菩薩像は、金属製の宝冠《ほうかん》、胸飾りをつけ、手は腹前で禅定《ぜんじょう》印《いん》を結んでいる。元は廃寺となった導義寺観音堂の御本尊だったが、明治初年にこの地に移され、霊場の本尊として

御詠歌

よい越野《ごしの》
ちうかいかさの
ひとふしに
観世音《かんぜおん》どの
とるむしの声《こえ》

DATA

住所
東京都八王子市越野726

問い合わせ ☎042-676-8050

拝観時間 9:00～17:00

アクセス
京王相模原線「南大沢」駅から、「聖蹟桜ヶ丘駅」「八王子駅南口」「京王堀之内駅」行きバスで、「由木中央小学校」下車、徒歩約5分。または、京王相模原線「南大沢」駅から、車で約10分。

駐車場 あり

https://www.gyokusenji-hachioji.com

▲美しい庭園の中に水子地蔵が安置されている

▲「玉泉寺」の石碑を見て石段を上ると山門

▲「同行二人」を詠んだ歌が刻まれた石碑

▲本堂脇の高台にある鐘楼

祀られたという。

裳《も》が蓮台にまでかかる宋風のつくりであることから、「もかけの観音」とも呼ばれている。天正9（1581）年の作と伝えられ、八王子市指定有形文化財になっている。現在は、玉泉寺の東方にある越野自治会集会所に安置され、毎年、おこもりを盛大に行い、地域の信仰を集めている。

また、玉泉寺には、八王子出身の狩野派の絵師、高麗《こま》宗《そう》山《ざん》の描いた杉戸絵も納められている。

ワンモアポイント

6月頃、境内では紫や白のあじさいが咲き、八王子の静かなあじさいスポットになる。

御朱印

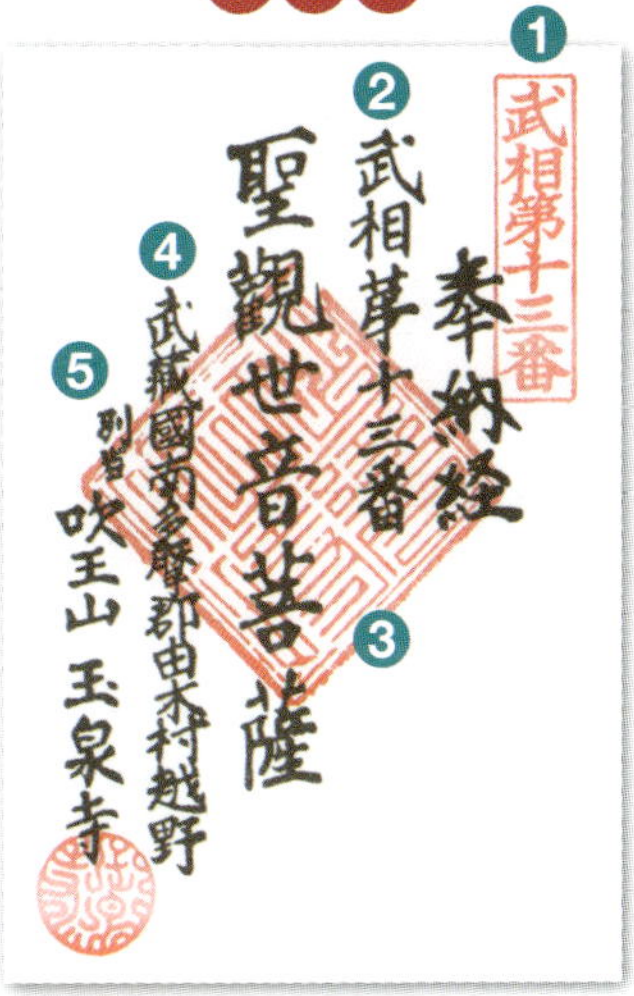

❶武相第十三番　奉納経
❷武相第十三番　聖観世音菩薩
❸御真言にあたる印
❹武蔵國南多摩郡由木村越野
❺別当　吹王山　玉泉寺　玉泉寺の公印

第14番

高雲山《こううんざん》 永泉寺《えいせんじ》

曹洞宗

MAP P105

開山＝岳應義堅大和尚
開基＝覚峰文公
開創＝弘治元（1555）年
本尊＝釈迦牟尼仏

▲本堂は、生糸商、八木下家の旧家屋を移築、増改築したものである

「絹の道」の繁栄をしのばせる文化の香り漂う寺

永泉寺は、甲州武田氏の老臣、永野和泉《ながのいずみ》が家臣とともにこの地に移住し、一宇《いちう》を建てたことに始まる。

家宝の正観世音菩薩像（現在、武相観音十四番札所）を奉安し、永林寺（八王子市下由木）開山主僧に就いて、剃《てい》髪《はつ》し覚峰文公《がくほうぶんこう》と改名、弘治元（1555）年、この寺の開基となった。寺の名は永野和泉からつけられたという。

永泉寺のある八王子市鑓水《やりみず》は、幕末に横浜へと輸出用の

御詠歌

罪咎《つみとが》を
ながし鑓水《やりみず》
観世音《かんぜおん》
ごうがのうおも
救《すく》うぶったい

DATA

住所
東京都八王子市鑓水80

問い合わせ ☎042-676-8104

拝観時間 9:00～17:00

アクセス
京王相模原線「多摩境」駅から、車で約8分。または「橋本」駅から、京王バスで「鑓水中央」下車、徒歩約2分。

駐車場 あり

▲木々の間に、ひっそりと建つ芭蕉堂

▲通り沿いに石柱が立ち階段を上った先が山門

▲緑豊かな境内には複数の石仏が安置されている

▲朱色に塗られた鐘楼は珍しく希少価値がある

生糸が運ばれたルートで「絹の道」に位置している。鑓水の商人は財力を持ち、文化的な活動にも積極的で、永泉寺は彼らの文化交流の場でもあったようだ。明治以降、鑓水では俳句教育が盛んになり、境内には、芭蕉庵や石句碑が残っている。

本堂は明治18（1885）年に火災で全焼したため、鑓水商人、八木下要右衛門の母屋を寄進され移築したものである。

ワンモアポイント

「絹の道」は、全国から昔の面影を残す道を選んだ「歴史の道・百選」に選ばれている。

御朱印

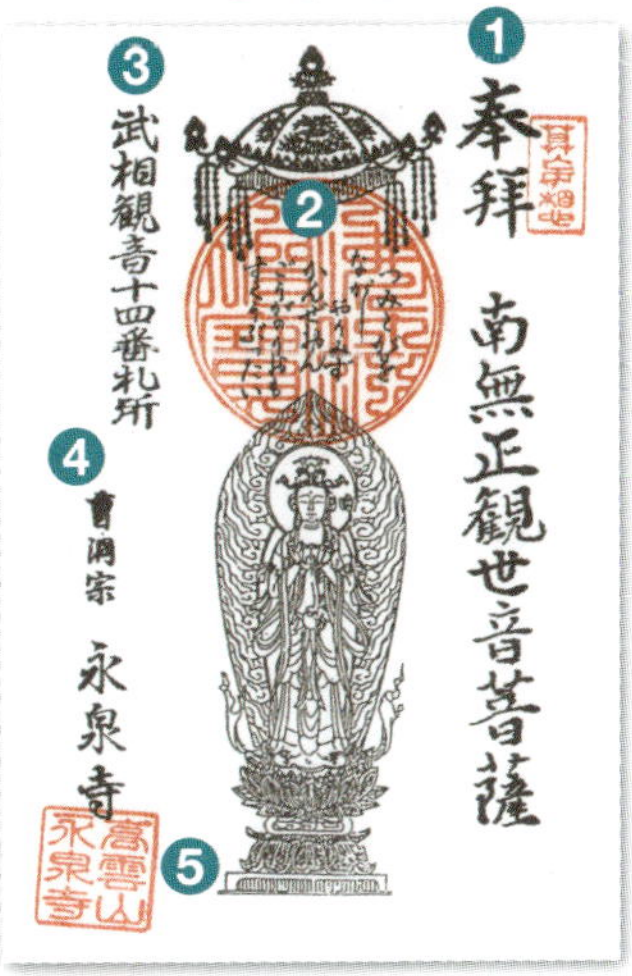

❶奉拝　南無正観世音菩薩
❷御詠歌　正観世音菩薩（画）
仏法僧宝
❸武相観音十四番札所
❹曹洞宗　永泉寺
❺高雲山永泉寺

第15番

安榮山《あんえいざん》 福傳寺《ふくでんじ》

真言宗

●多摩八十八ヶ所 第七十七番
●八王子三十三観音 第三十番

MAP P106

開基＝権大僧都賢栄
開創＝天文年間（1533～1554年）
本尊＝不動明王

▲寺標のある門を入ると正面に戦後再建された本堂が建っている

安産の観音として信仰される八王子駅近くにある寺

天文年間に、賢栄《けんえい》によって開基されたと伝えられる、真言宗の寺。本尊は不動明王である。

福傳寺は、JR八王子駅と京王八王子駅に近く、甲州街道が走る場所にあり、周囲にはビルが目立つ街中にある。

江戸時代には隣接する子安神社の別当寺だったが、明治13（1880）年に、近隣にあった清水寺を併合、清水寺境内だった現在の地に移転した。旧寺地は、今の八王子市

御詠歌

懐妊《かいにん》の
女人《にょにん》をまもる
観世音《かんぜおん》
子安村《こやすむら》とぞ
聞《き》くもたのもし

DATA

住所 東京都八王子市明神町4-10-6
問い合わせ ☎042-642-4262
拝観時間 9:00～17:00
アクセス JR中央線・横浜線「八王子」駅から、徒歩約5分。または京王線「京王八王子」駅から、徒歩約3分。
駐車場 あり

▲江戸時代の弘法大師像が祀られている

▲ビルやマンションのある街中にある寺

▲山門のすぐ右側には六地蔵が祀られている

子安町だった。

観音堂は、元禄14（1701）年に、江戸の石原次春によって建立されたが、戦後の開発区画整理により市内の東光寺に移築された。その後、本堂の改築にあたり観音堂は解体された。

現在、観音堂にあった本尊、十一面観世音菩薩像は、本堂に安置されている。通称「子安観音」と呼ばれて、安産の観音で「村内に難産の者無し」と伝えられ、今も信仰を集めている。

ワンモアポイント

後生車には「南無大師遍照金剛」と刻まれており、廻すと功徳があるといわれる。

御朱印

❶武相十五番　日付
❷奉拝　梵字　十一面観音
❸梵字「キャ」
❹安栄山　福伝寺
❺安榮山福傳寺

第16番

慈高山《じこうざん》 金剛院《こんごういん》

高野山真言宗

●関東八十八ヶ所第六十三番

MAP P106

開基＝僧真清
開創＝天正４（１５７６）年
本尊＝不動明王

▲門を入ると緩やかな石段があり、その先の正面に本堂が見える

貴重な文化財が多数保存される戦後に復興された大きな寺院

金剛院は、JR八王子駅と西八王子駅の中ほど、線路近くにある大きな寺である。

天正４（１５７６）年、僧真清により明王院として開基。現在地近くの寺領に、不動尊を祀る不動堂を建立したのが始まりで、今も、本尊として不動尊像を祀っている。

寛永８（１６３１）年、第三世覚常の時代に、当地にあった大師堂を受け継ぎ、明王院の移転と合わせ、金剛院として新たな伽藍《がらん》を開設した。

御詠歌

善悪《ぜんあく》を
慈《いつく》しみある
上野原《うえのはら》
しゅう金剛院《こんごういん》
とくと観音《かんのん》

DATA

住所 東京都八王子市上野町39-2
問い合わせ ☎042-622-9540
拝観時間 9:00～17:00
アクセス JR中央線・横浜線「八王子」駅から、徒歩約15分、車で約5分。
駐車場 あり
http://www.kongoin.or.jp

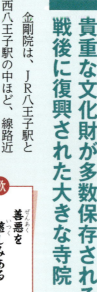

▲十一面観世音菩薩像（上）と福禄寿像

▲きれいに整備された境内に建つ客殿

▲十一面観世音菩薩と福禄寿尊を祀る福聚堂

江戸時代には、三間四方の観音堂があり、十一面観世音菩薩を安置していたというが、昭和20（1945）年、戦火によって境内のほとんどの建造物を焼失した。戦後、本堂、客殿、金剛院会館などが建築されて境内は整備され、現在、十一面観世音菩薩像は、福聚堂に安置されている。

また、東京都重要指定有形文化財の「紙本著色高野山図絵（屏風）」や「紙本著色西王母図（屏風）」など、多数の寺宝が保存されている。

ワンモアポイント

多摩八十八ヶ所霊場第七十三番の札所、八王子七福神の福禄寿を祀る寺でもある。

御朱印

❶武相十六番の印　武相観音第十六番
❷奉拝　十一面観世音菩薩
❸梵字（観音様を表す）
❹慈高山金剛院
❺慈髙山金剛院

第17番

中《ちゅう》和《わ》山《さん》 泉《せん》龍《りゅう》寺《じ》

曹洞宗

▲本尊の釈迦牟尼仏のほか、普賢菩薩、文殊菩薩が安置される本堂

荘厳な三重塔がそびえ、数々の仏像を安置する

浄土宗西光庵を、日洲、雪天透瑞が曹洞宗に改め、泉龍寺と改号。それぞれ開基、開山となった。開山は天正14（1586）年とされるが、寺伝では、創建は南北朝時代にさかのぼるという。

泉龍寺は、相模原市と町田市との市境を流れる境川沿いに建つ。遠くからも、ひときわ存在感のある三重塔が目に入る。昭和62（1987）年に完成した高さ15メートルの三重塔には、平和観世音菩薩

MAP P102

開基＝雪天透瑞
開創＝天正14（1586）年
本尊＝釈迦牟尼仏

御詠歌

求《もと》めきて
この世《よ》の慈悲《じひ》の
集《あつ》まれる
ぐぜいの仏《ほとけ》
この泉龍寺《せんりゅうじ》

DATA

住所
神奈川県相模原市南区上鶴間本町8-54-21

問い合わせ ☎042-742-3495

拝観時間 9:00～17:00

アクセス
JR横浜線、小田急線「町田」駅から、車でで約8分。

駐車場 あり

▲聖観音菩薩が祀られる観音堂

▲仁王像のある山門

▲相模七福神の石像が並んでいる

▲見る者を圧倒する高さ15メートルの三重塔がそびえる

像が安置されている。

阿形、吽形一対の仁王像のある山門を入ると、昭和59（1984）年、建立の観音堂があり聖観音菩薩が祀られている。この聖観音は、井上助右衛門が霊夢をみて、亡き妻の供養と多くの人々のために寄進されたと伝えられる。

また昭和55（1980）年に七福神建立を祈念して「布袋尊」を造立したものの、残り6体の造立が叶わないまま歳月が過ぎ、30余年を経て完成した「相模七福神」がある。

ワンモアポイント

泉龍寺内墓地には、1449年の墓石があり、市内最古の墓石だといわれている。

御朱印

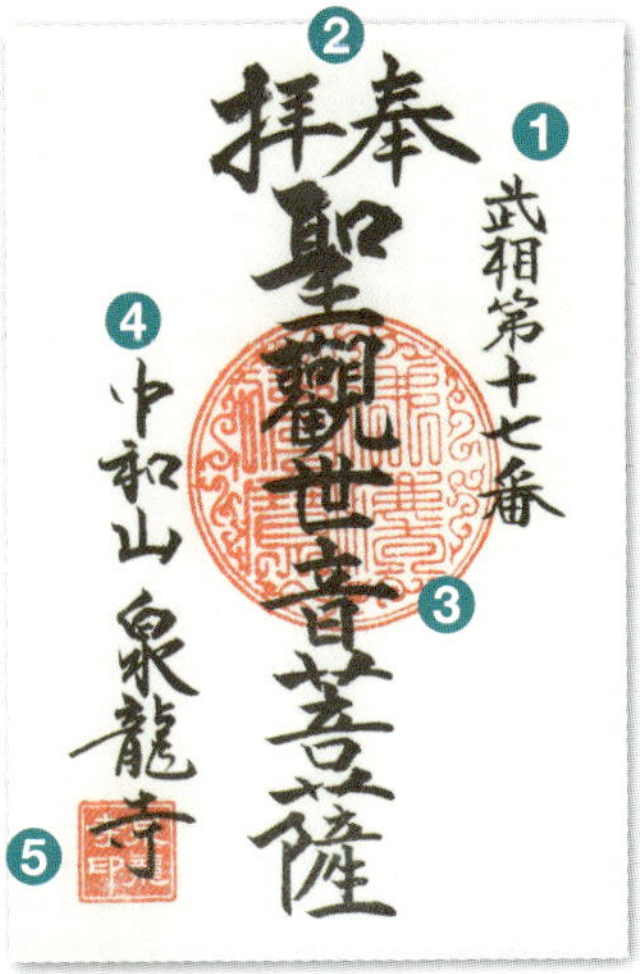

❶武相第十七番
❷奉拝　聖観世音菩薩
❸仏法僧宝
❹中和山泉龍寺
❺泉龍寺印

第18番

龍《りゅう》雲《うん》山《ざん》 高《こう》乗《じょう》寺《じ》

曹洞宗

●八王子三十三観音
第十九番

MAP P107

開山＝通庵浩達
開基＝永井大膳太夫高乗
開創＝応永元（1394）年
本尊＝釈迦牟尼仏

▲高尾陣馬自然公園にある境内は、緑に囲まれ、庭木も見事である

豊かな自然に抱かれた 多摩八大寺のひとつに数えられる名刹

高尾駅から南方へ深く入る谷の奥、都立高尾陣馬自然公園内にあり、多摩八大寺のひとつになっている高乗寺。

応永元（1394）年、法光円融禅師峻翁令山大和尚が開創。開基には、片倉城主、永井大膳太夫高乗がかかわり、高乗寺の寺名はここに由来する。当時は、現在より山奥にあったが、その後移築、臨済宗から曹洞宗に改宗、永正2（1505）年、通庵浩達大和尚により改めて開山した。

御詠歌

ありがたや
ぐぜいの深《ふか》き
補陀落《ふだらく》は
法《のり》の花《はな》咲《さ》く
初沢《はつざわ》の寺《てら》

DATA

住所 東京都八王子市初沢町1425

問い合わせ ☎042-661-6852

拝観時間 9:00～17:00

アクセス JR中央線「高尾」駅から、車で約7分。

駐車場 あり

▲木々の緑を背景に静かな佇まいの鐘楼が建つ

▲本尊の釈迦牟尼仏を祀る本堂

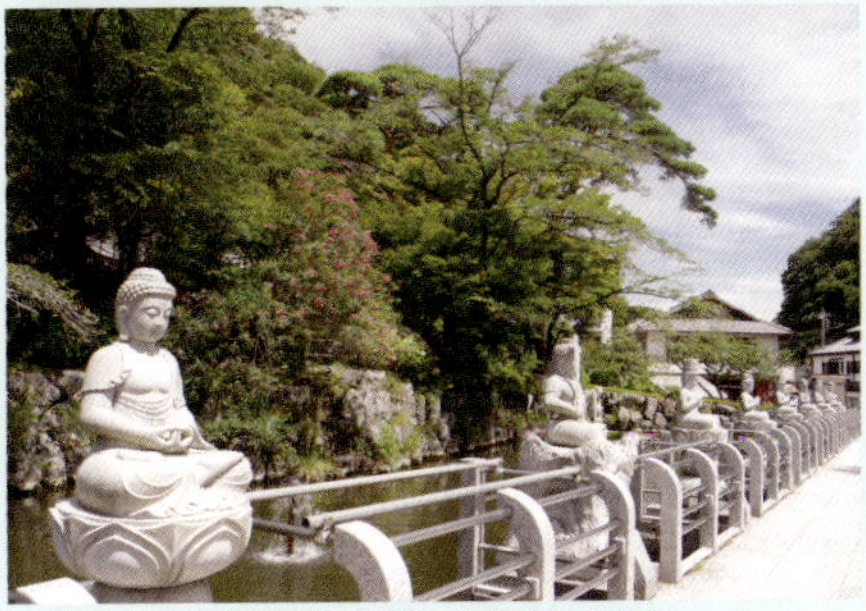
▲生まれ年干支守り本尊、八尊仏が並ぶ

境内にある池の前には、生まれ年干支守り本尊、八尊仏が並ぶ。本堂には御本尊、釈迦牟尼仏、両脇に文殊菩薩と普賢菩薩を安置。現在の本堂は、明治16（1883）年に建てられたもの。本堂の隣の大慈閣（観音堂）は、平成6（1994）年に開創600年記念事業の一環として建てられた。正面に御本尊、十一面観音立像が祀られ、奥壇には武相観音第十八番札所に指定されている秘仏三十三体観音像が安置されている。

ワンモアポイント

霊園には、昭和59（1984）年に建立された高さ10メートルの聖観音像（初沢観音）がある。

御朱印

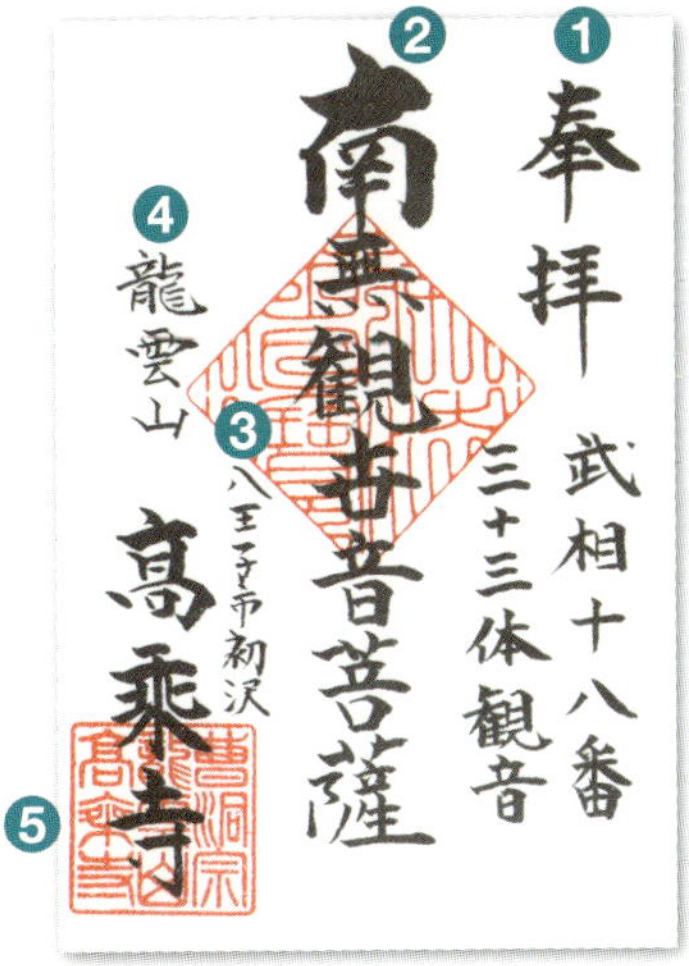

①奉拝　武相十八18番　三十三体観音
②南無観世音菩薩　仏法僧宝
③八王子市初沢
④龍雲山　高乗寺
⑤曹洞宗龍雲山高乗寺

第19番

大龍山《だいりゅうざん》 福昌寺《ふくしょうじ》

曹洞宗

MAP P102

開山＝國抽太山
開基＝不詳
開創＝慶安元（1643）年
本尊＝釈迦牟尼仏

▲十一面観世音菩薩が安置される本堂

長津田の街を望む高台に建つ見事なしだれ桜がある寺

慶安4（1651年）、國抽太山が開山したといわれる、曹洞宗の寺。本尊は釈迦牟尼仏である。

福昌寺があるのは、長津田の街を望む高台。長津田駅方面から坂を上ってくると、山門が見えてくる。石段を上ると、「不許葷酒入山門」と刻まれた結界石《けっかいせき》がある。文化13（1816）年に、敷石供養塔として堀之内と上和田の檀家の人々により建立された。

正面には、平成4（199

御詠歌

静《しず》かなる
我《わ》がみなもとの
福昌寺《ふくしょうじ》
浮《う》かぶ心《こころ》の
法《のり》のはやふね

DATA

住所
神奈川県横浜市青葉区恩田町1021-1

問い合わせ ☎045-981-9232

拝観時間 9:00～17:00

アクセス
東急こどもの国線「恩田」駅から、徒歩約10分、車で約3分。または、JR横浜線・東急田園都市線「長津田」駅から、車で約7分。

駐車場 あり

▲境内にある六地蔵

▲境内の稲荷社は「おとみ稲荷」と呼ばれている

▲裏口門から旧参道がつながっている

御朱印

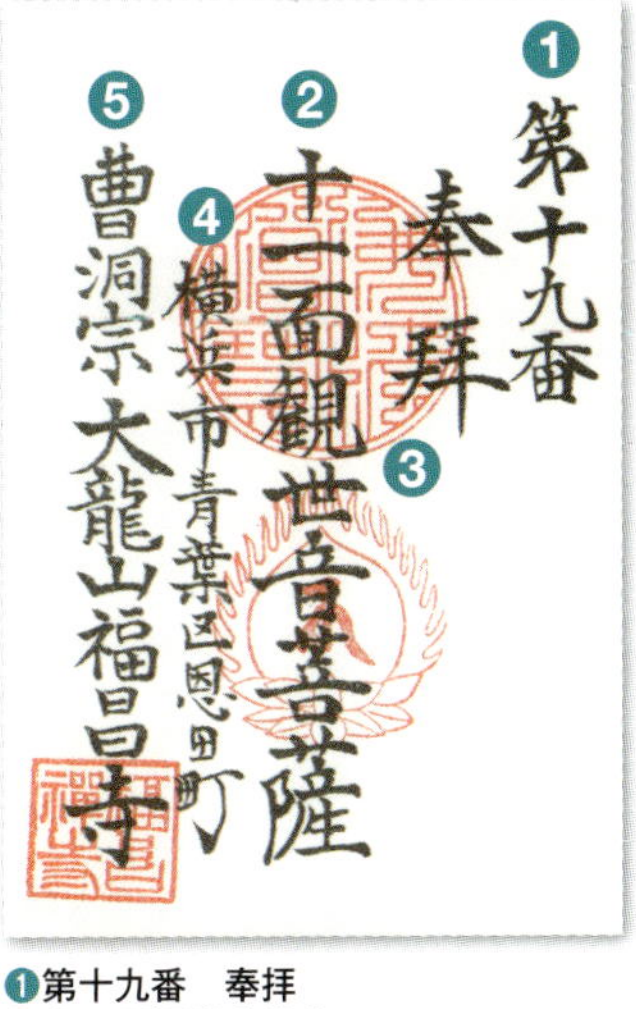

❶第十九番　奉拝
❷十一面観世音菩薩
❸仏法僧宝　梵字（十一面観音）
❹横浜市青葉区恩田町
❺曹洞宗　大龍山福昌寺
福昌禅寺

２）年に建てられた本堂がある。江戸時代には、二間四方の観音堂に十一面観世音菩薩が祀られていたというが、現在、観音堂はなく、本堂に移され安置されている。本堂の右側に客殿がある。客殿前の庭園には、しだれ桜があり、春には見事な花を咲かせる。

　また、境内には「おとみ稲荷」と呼ばれる稲荷社がある。江戸時代初期の地頭岡本玄治が、麻布鳥居坂の鳥居和泉守にあったものを移築寄進したものと伝えられる。

ワンモアポイント

石柱を回すことで、人々を苦しみから救済するといわれる六体の地蔵菩薩立像がある。

第20番

北岸山《ほくがんざん》 喜福寺《きふくじ》

真言宗

●八王子三十三観音 第十一番

MAP P106

開基＝宗伝
開創＝応永元（1394）年
本尊＝聖観世音菩薩

▲階段を上った先には、個性的なデザインの三階建ての本堂がある

長身の新しい観音さまを祀るモダンな本堂が目を惹く

応永元（1394）年、宗《そう》伝《でん》により開基された。北条氏の時代は広大の敷地で繁栄、徳川氏の統治下では厚い保護を受け、庶民から信仰されてきた。江戸時代、聖観世音菩薩を安置する観音堂は、三間半、四間だったという。『新《しん》編《ぺん》武蔵《むさし》風土《ふど》記稿《きこう》』には、この観音堂の後山を登ると、どんな干ばつにも水がかれない霊水があって、この水で洗えば病気は治ると記載されている。

しかし、神仏分離以来、寺

御詠歌

いついるや
雲間《くもま》の月《つき》も
有明《ありあけ》の
鐘《かね》の響《ひび》きの
御寺《みてら》なるらん

DATA

住所 東京都八王子市中野山2-11-11

問い合わせ ☎042-622-6712

拝観時間 9:00～17:00

アクセス JR中央線・横浜線「八王子」駅から、車で約20分。

駐車場 あり

▲本尊の聖観世音菩薩像は細身で女性的な姿

▲墓所の脇には、小ぶりの石造三重宝塔が建つ

▲緑豊富な境内は落ち着いた雰囲気

領の多くを失い、明治20年代の大火により、伽藍《がらん》のほとんどを焼失するなど、解散直前にまでにいたったという。

現在の本堂は、昭和46（1971）年に建設された近代的な建物である。併せて翌年には、高さ3メートル近い聖観音像が造られ、現在、御本尊として祀られている。

また、この寺には化け猫の伝説があり、「喜福寺の猫は何見てはねる、観音参りを見てはねる」という民謡が伝わっている。

ワンモアポイント

参道途中の六地蔵も新しく、かわいらしくユニークなデザインである。

御朱印

1. 武相二十番
2. 梵字　聖観世音菩薩（画）
3. 本尊聖観世音菩薩
4. 北岸山　喜福寺
5. 喜福寺印

第21番

祥雲山《しょううんざん》 長安寺《ちょうあんじ》

曹洞宗

MAP P107

開基＝陽山嶺瞰大和尚
開創＝正保２（１６４５）年
本尊＝准胝観世音菩薩

▲本堂は、江戸後期から明治時代の建立と考えられている

数々の古い石仏や石碑に長い歴史が感じられるお寺

正保2（1645）年以前に、陽山嶺瞰大《ようざんれいとんだい》和尚《おしょう》が開基したとされる曹洞宗の寺。本尊の准胝観世音菩薩は、元は秩父三十四霊場の観音のひとつであったとされている。

長安寺は、八王子市並木町にある。この地名は、昭和2（1929）年、多摩御陵の造営を記念して、甲州街道に植えられたイチョウ並木にちなんだものだという。

境内入口から本堂に向かう参道の石畳には、昭和初期に

御詠歌

しんち村《むら》
観世音《かんぜおん》こそ
むじんにの
そうめう寺《じ》とて
仏所《ぶっしょ》こうぶつ

DATA

住所
東京都八王子市並木町7-1

問い合わせ ☎042-661-6975

拝観時間 9:00～17:00

アクセス
JR中央線「西八王子」駅から、車で約5分。または、JR中央線「西八王子」駅から、「館が丘団地」行きバスで、「並木町」下車、徒歩約1分。

駐車場 あり

▲寛政7(1630)年に建立された庚申塔

▲無縁仏が集められ、祀られている

▲境内には、いくつもの石仏や石碑がある

八王子市内を走っていた路面電車の敷石が使われている。

本堂は戦災に遭ったとの記録がなく、江戸後期から明治の建立と考えられる。位牌堂と開山堂は、昭和55(1980)年に建立された。

札所の本尊は正観音菩薩である。この観音は、明治初年に廃寺になった、黄檗宗《おうばくしゅう》の宗明寺の御本尊だったもの。一方、長安寺にあった太子堂は、武相四十八霊場の札所二十四番の大戸観音堂として、現在も残されている。

ワンモアポイント

長安寺近くの甲州街道沿いには、約4.2kmにおよぶ約760本のイチョウ並木がある。

御朱印

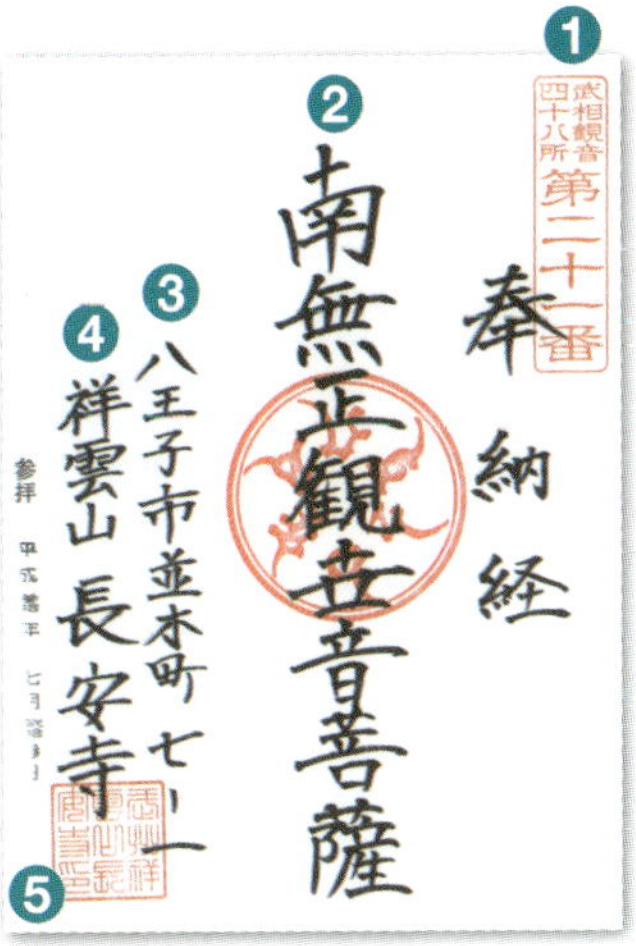

❶武相観音四十八所　第二十一番
❷南無正観世音菩薩　梵字
❸十八王子市並木町七ーー
❹祥雲山　長安寺
❺武州祥雲山長安寺印

第22番

常光山《じょうこうざん》 真覚寺《しんかくじ》

真言宗

●多摩八十八ヶ所
第七十一番

MAP P107

開基＝長山修理亮忠好
開創＝文暦元（1234）年
本尊＝不動明王

▲寄棟造りの本堂は、昭和40（1965）年に修復されている

蛙合戦でも名高い 四季折々の花で彩られる寺

真覚寺は京王高尾線めじろ台駅北西にあり、寺の南側の山は、万葉公園として整備されている。

文暦元（1234）年に開山。応永18（1411）年に相模国津久井城主、長山修理亮忠好が京都醍醐、報恩院第十世、隆源僧正を招いて観音堂を創設、観音堂の別当寺となった。観音堂の本尊は聖観世音菩薩。観音堂は、朱色に塗られ、背後の緑を背に落ち着いた佇まいを見せている。

御詠歌

わが池《いけ》に
罪《つみ》もけがれも
すすぎおけ
大悲《だいひ》の慈悲《じひ》に
漏《も》れな諸人《もろびと》

DATA

住所
東京都八王子市散田町5-36-10

問い合わせ ☎042-661-5921

拝観時間 9:00〜17:00

アクセス
京王線「めじろ台」駅から、徒歩約10分。
または、京王線「めじろ台」駅から、「京王八王子」行きバスで、「横山中学前」下車。

駐車場 あり

▲朱色の観音堂が緑を背に際立つ

▲境内は四季折々の花で美しく彩られる

▲弘法大師像の横の祠には石仏が安置されている

▲鐘楼の鐘は万治3年、加藤吉重の作である

境内にある心字池《しんじいけ》は、江戸時代には、産卵のために集まった雌蛙を求めて、たくさんの雄蛙が鳴き声を争い、「蛙合戦」と呼ばれたという。現在、ヒキガエルの数は減少したが、八王子市指定旧跡となっている。また、金銅薬師如来倚像は、奈良時代前期作といわれ、八王子市指定有形文化財となっている。

八王子八十八景にも選ばれており、春の桜に始まり、アジサイや紅葉も楽しめる美しい寺である。

ワンモアポイント

八王子三十三観音霊場第二十二番の札所でもある。

御朱印

❶武相観音第二十二番　奉拝
❷本尊聖観世音菩薩
❸梵字「サ」
❹常光山真覚寺
❺真覚密寺

第23番

聚林山《じゅりんざん》 興福寺《こうふくじ》

曹洞宗

●八王子三十三観音
第二十三番

MAP P107

開山＝香山充孫
開基＝雨宮秀徳
開創＝慶長2（1597）年
本尊＝聖観世音菩薩

▲本堂には、本尊の聖観世音菩薩が祀られている

江戸時代の代官屋敷の門、「横木《よこぎ》の門」を山門とする寺

興福寺は、京王高尾線狭間駅北東の閑静な住宅地にある。慶長2（1597）年、龍鳳寺（神奈川県愛甲郡）の末寺となり、本寺第四世香山充孫《こうざんじゅうそん》によって開山。開基は関東十八代官の一人、雨宮勘兵衛の祖にあたる雨宮秀徳とされる。

山門は、江戸時代にこの地の代官だった設楽家の屋敷門を移築したものとされる。横に切ったクスノキを柱にしてあることから「横木の門」と呼ばれ、関東では唯一のもの

御詠歌

興福寺《こうふくじ》
この観音《かんのん》の
御法《みのり》にて
くぬぎだ里《さと》に
自在天神《じざいてんじん》

DATA

住所 東京都八王子市東浅川町754

問い合わせ ☎050-3542-5115

拝観時間 9:00〜17:00

アクセス 京王高尾線「狭間」駅から、徒歩約8分、車で約3分。

駐車場 あり

▲江戸後期建立と伝えられる聚林山稲荷大明神

▲「横木の門」と呼ばれる山門

▲六地蔵の中央に観音像が祀られている

といわれている。

山門をくぐった正面に見えるのが本堂である。観音堂については、『新編《しんぺん》武蔵《むさし》風土記《ふどき》稿《こう》』に「本堂に向て左の方にあり、二間四方」との記述があり、江戸時代には観音堂が存在していたことがわかるが、現存していない。本堂には、本尊の聖観世音菩薩のほか、七観音も安置されている。

また、境内には、江戸時代後期に、興福寺十世説外普宣大和尚により建立された聚林山稲荷大明神が祀られている。

ワンモアポイント

門前のしだれ桜は、稲荷大明神が建立された頃に植樹されたと伝えられる古木である。

御朱印

1 武相第二十三番　奉拝
2 本尊聖観世音　梵字
3 十八王子市東浅川
4 聚林山　興福寺
5 聚林山興福寺之印

第24番

祐照庵《ゆうしょうあん》 大戸観音堂《おおとかんのんどう》

臨済宗

●八王子三十三観音
第二十番

MAP P107

開基＝不詳
開創＝慶長元（1596）年
本尊＝正観世音菩薩

▲観音堂は、第二十一番札所の長安寺太子堂を移築したものである

境川の上流、見事な銀杏の木と鐘楼門のある寺

慶長元（1596）年に、観音堂が建立され、雲津院（八王子市山田）の末寺として祐照庵といわれていた。観音堂は明治6（1873）年の火災で焼失してしまい、翌年に、長安寺（八王子市並木町）の太子堂を移築し、再建された。

本尊について『新編武蔵風土記稿《しんぺんむさしふどきこう》』には、「本尊正観音坐像にて長1尺ばかり、弘法大師の作なりと云伝ふれど」とあるが、明治時代の火災で焼失したと考えられる。現在

御詠歌

参詣《さんけい》の
夜昼《よるひる》たえぬ
観世音《かんぜおん》
堂《どう》の大戸《おおと》の
閉《と》づるまもなし

DATA

住所
東京都町田市相原町4638

問い合わせ ☎042-782-2049

拝観時間 9:00～17:00

アクセス
JR横浜線「相原」駅から、車で約11分。

駐車場 あり

▲鐘楼は山門と合作の鐘楼門

▲存在感のある鐘楼門の正面に観音堂がある

▲鐘楼門脇に町田市保護樹木のイチョウがある

像は石像であり、付近の水田から出土したといわれている。

鐘楼は山門と合作の鐘楼門であり、階下が門、階上が鐘楼になっている。

境内には、町田市で一番古い馬頭観音、六地蔵があり、鐘楼門の門脇には、町田市銘木百選のひとつであるイチョウの木がある。

かつて武蔵国と相模国の国境とされた境川の流域には、いくつもの武相観音霊場があるが、大戸観音堂は、最も上流にある札所である。

ワンモアポイント

鐘楼は、八王子八景の景勝地として、「大戸の晩鐘」と短歌に詠われている。

御朱印

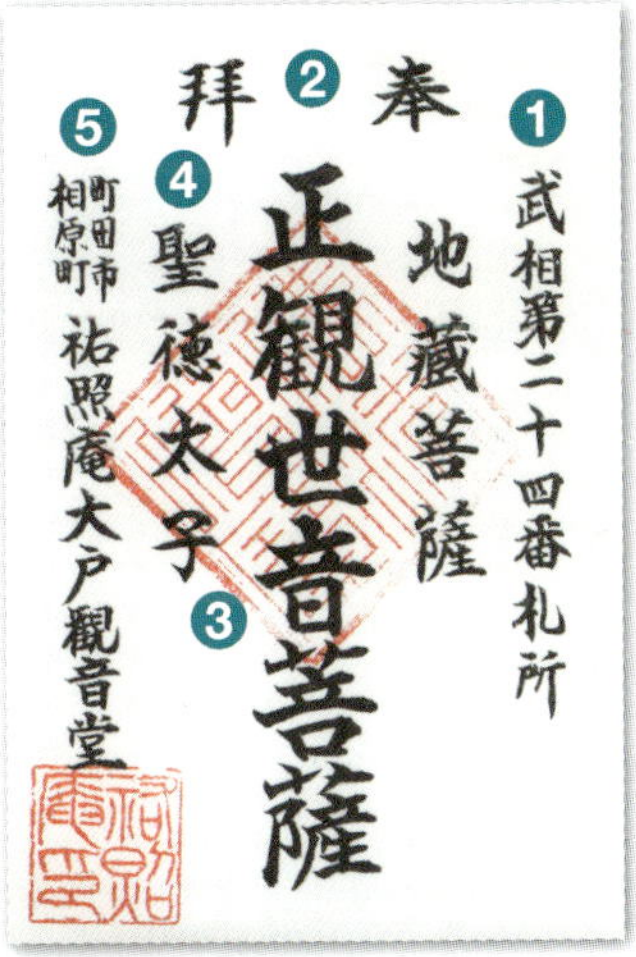

❶武相第二十四番札所　地蔵菩薩
❷奉拝　正観世音菩薩
❸仏法僧宝
❹聖徳太子
❺町田市相原町　祐照庵大戸観音堂
祐照庵印

第25番

金剛山《こんごうさん》 普門寺《ふもんじ》

真言宗

▲本堂。本尊、不動明王は江戸時代の作と伝えられる

歴史を重ねた建造物や木々が残り美しい自然に囲まれた古刹

天平年間（729～748年）に行基により開基されたと伝えられる真言宗の寺。

普門寺があるのは、相模原市緑区中沢、城山湖の南東。古くから「普門寺」といえば、「飯縄《いづな》さま」あるいは「観音さま」として、地域の人々に信仰されてきた。

観音堂は、宝暦7（1757）年建立された。本尊の木造聖観世音菩薩立像は、行基の作とも伝えられる。観音堂、聖観世音とともに、相模原市の

御詠歌

峰《みね》つづき
谷《たに》の中沢《なかざわ》
観世音《かんぜおん》
普門寺《ふもんじ》ほんに
二十五ばんめ

MAP P107

開基＝行基
開創＝天平年間（729～748年）
本尊＝不動明王

DATA

住所
神奈川県相模原市緑区中沢200

問い合わせ ☎042-782-2100

拝観時間 9:00～17:00

アクセス
JR横浜線・京王相模原線「橋本」駅から、「三ヶ木」「若葉台住宅」「城山」行きバスで、「都井沢」下車、徒歩約10分。JR横浜線・京王相模原線「橋本」駅から、車で約25分。

駐車場 あり

http://www.fumonji.org

▲147段の石段を上ると、飯縄大権堂がある

▲仁王門は江戸時代には権現堂に上る途中にあった

▲延命を誓願する延命地蔵も祀られている

▲観音堂。聖観世音菩薩立像は平安後期の作である

有形文化財に指定されている。
また、観音堂正面には仁王門が立つ。左右二体の仁王像は、運派系の仏師、全慶の作とされる。

観音堂左手奥、147段の石段を上ると、御神木のスダジイの木をはじめとした老木が繁る中に飯縄大権堂がある。この高台からは、津久井湖や丹沢連峰が眺められ、晴れた日には富士山も見えるという。

本堂前庭にある枝垂梅は、初春に薄いピンク色の花を咲かせる。

ワンモアポイント

飯縄大権堂からは富士山が見え、冬にはダイヤモンド富士が望める。

御朱印

❶武相第二十五番　奉拝
❷相模國
❸梵字　聖観世音菩薩　仏法僧宝
❹真言宗　金剛山　普門寺
❺金剛山普門寺

第26番

大龍山《だいりゅうざん》 長徳寺《ちょうとくじ》

曹洞宗

MAP P107

開基＝鳳山良長
開創＝天文2（1533）年
本尊＝釈迦牟尼佛

▲簡素ながら落ち着きのある本堂は、約250年前に建てられた

相模川、津久井の山々を望む大蛇の伝説がある寺

長徳寺は相模川を挟んで津久井の山々を望める地にある。武田の武士であった鳳山《ほうざん》良《りょう》長《ちょう》が、北条との合戦による戦死者の霊を弔うために、両軍問わずに下大島の崖下に小堂を建て自ら出家し、天文2（1533）年に創建したとされる。その後、津久井の功雲寺から州山洞益《しゅうざんどうえき》和尚《おしょう》を迎え、現在の場所に開山したという。

小堂であった頃、天井から下りてきた大蛇によって、崖崩れの災害から逃れることが

御詠歌

声明《せうみやう》の
うたいかたるに
観世音《かんぜおん》
ふじかわのせも
響《ひび》く大島《おおしま》

DATA

住所
神奈川県相模原市緑区大島756
問い合わせ ☎042-761-9594
拝観時間 9:00～17:00
アクセス
JR横浜線・京王相模原線「橋本」駅から、車で約20分。
駐車場 あり

▲三界萬霊無縁供養塔が立てられている

▲赤門前に「武相観音二十六番札所」の石柱がある

▲さまざまな彫刻が施された立派な鐘楼

できたという和尚の話が伝わっており、この崖崩れでお堂が倒壊し、現在地に移ったとも伝えられる。

以前は山門の脇に観音堂があったが、焼失。現在、観音堂の本尊、如意輪観世音菩薩は、本堂に安置されている。

鐘楼の脇には特徴的な文字で刻まれた名号塔《みょうごうとう》がある。これは一般的には、徳本念仏塔《とくほんねんぶつとう》と呼ばれるもので、文政２（１８１９）年に立てられたもので、相模原市有形民族文化財に指定されている。

ワンモアポイント

江戸時代には寺小屋が開かれ、地域の児童の教育に貢献していたという。

御朱印

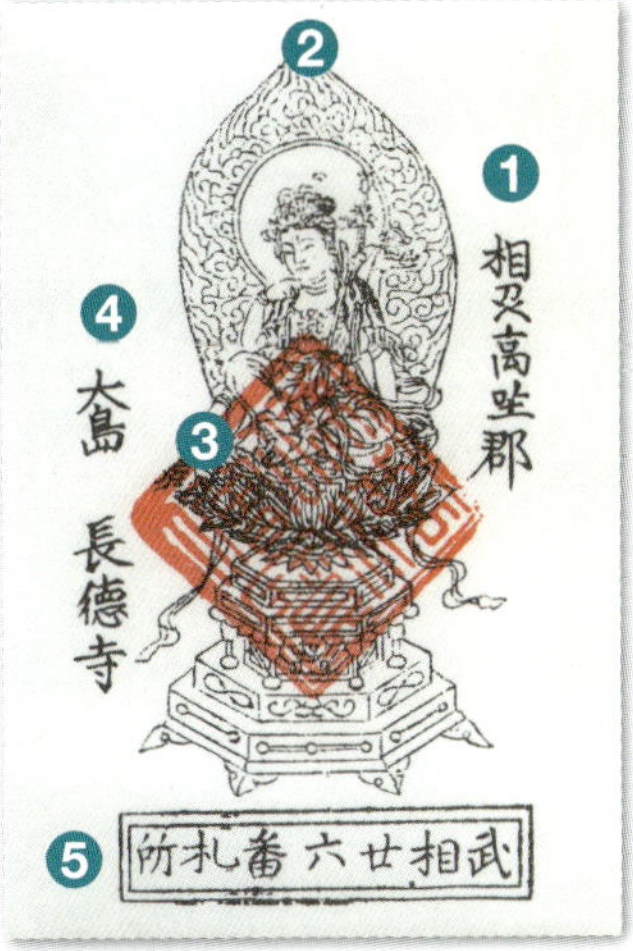

❶相模高坐郡
❷如意輪観世音菩薩（画）
❸仏法僧宝
❹大島　長徳寺
❺武相二十六番札所

第27番 瑞石山《ずいせきざん》 清水寺《せいすいじ》

臨済宗

MAP P105

開山＝洞天恵水禅師
開創＝寛永元（1624）年
本尊＝正観世音菩薩

▲嘉永4（1851）年再建の観音堂は、町田市指定有形文化財になっている

町田市文化財にも指定される 多彩な彫刻が美しい観音堂

寛永元（1624）年、洞《どう》天恵水禅師《すいけいすいぜんし》が開山した臨済宗の寺。観音堂は宝永元（1704）年に建立された。

清水寺は、国道16号線を八王子方面から下った坂下にあり、「坂下《さかした》観音」または「相《あい》原《はら》観音」と呼ばれている。長い石段を上った高台にある総欅造り観音堂は、嘉永4（1851）年に再建されたもので、多彩な彫刻がほどこされており、町田市指定有形文化財になっている。

御詠歌

せけんくを
救《すく》わんために
観世音《かんぜおん》
安楽《あんらく》ここに
渡《わ》る橋《はし》もと

DATA

住所 東京都町田市相原町701

問い合わせ ☎042-772-0750

拝観時間 9:00～17:00

アクセス JR横浜線「相原」駅から、車で約12分。

駐車場 あり

▲長い石段を上った先に観音堂がある

▲天保13（1842）年建立の鐘楼

▲観音堂の彫刻は精緻で見応えがある

観音堂の脇には、「善寧児（ジェンナー）先生碑」がある。ジェンナーと種痘の普及に努めた蘭学医青木《あおき》得庵《とくあん》との業績を称え、明治25（1892）年に建立されたもの。また、水屋と鐘楼は、天保年間（1830~43年）に建立され、ともに町田市指定有形文化財になっている。

境内にはシラカシ、アラカシ、アカガシなどの照葉樹の大木が葉を茂らせており、「アカガシ群落」として町田市天然記念物に指定されている。

ワンモアポイント

境内には、河津桜、しだれ桜、ソメイヨシノなどがあり、春には見事な花を咲かせる。

御朱印

❶奉拝　武相二十七番札所
❷大悲閣（だいひかく）
❸仏法僧宝
❹瑞石山清水寺
❺瑞石山清水寺之印

第28番 第29番

施弥山《せみざん》 慈眼院《じげんいん》 福生寺《ふくしょうじ》

真言宗

MAP P103

開山＝玄亮法師
開基＝天野孫兵衛清彦
開創＝天福元（1233）年
本尊＝不動明王

▲観音堂には、二十八番、二十九番札所の観音さまが安置されている

平安時代の貴重な観音像が安置。ふたつ札所を持つ寺

福生寺は、京王相模線多摩境駅の南東、北は多摩丘陵に抱かれ、多摩ニュータウンの西端に程近い位置にある。

天福元（1233）年、天野孫兵衛が鎌倉幕府に寺院建立を願い出て、北条泰時《ほうじょうやすとき》により年号の一字を賜り、「福生寺」と号し玄亮法師により開山されたのが始まり。

現在、本堂に安置されている本尊は、不動明王で江戸時代のものとされている。

その後、田端の「観音寺」に祀られ、「荒ヶ谷戸《あらがやと》の観音」と呼ばれていた十一面観世音菩薩を合祀、観音堂に安置され、二十八番の札所となっている。

DATA

住所
東京都町田市小山町2524

問い合わせ ☎042-797-7034

拝観時間 9:00〜17:00

アクセス
京王相模原線「多摩境」駅から、徒歩約8分、車で約3分。

駐車場 あり

御朱印 第28番

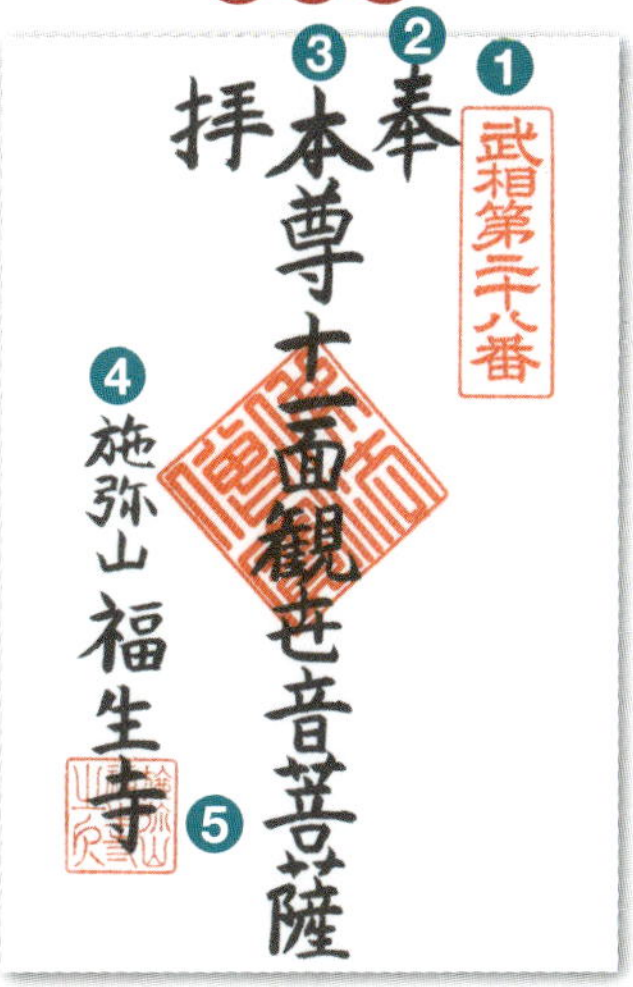

❶武相第二十八番
❷奉拝
❸本尊十一面観世音菩薩　仏法僧宝
❹施弥山　福生寺
❺施弥山福生寺之印

▲山門を入ると、美しく整備された境内

▲階段を上った先の高台に鐘楼がある

御朱印 第29番

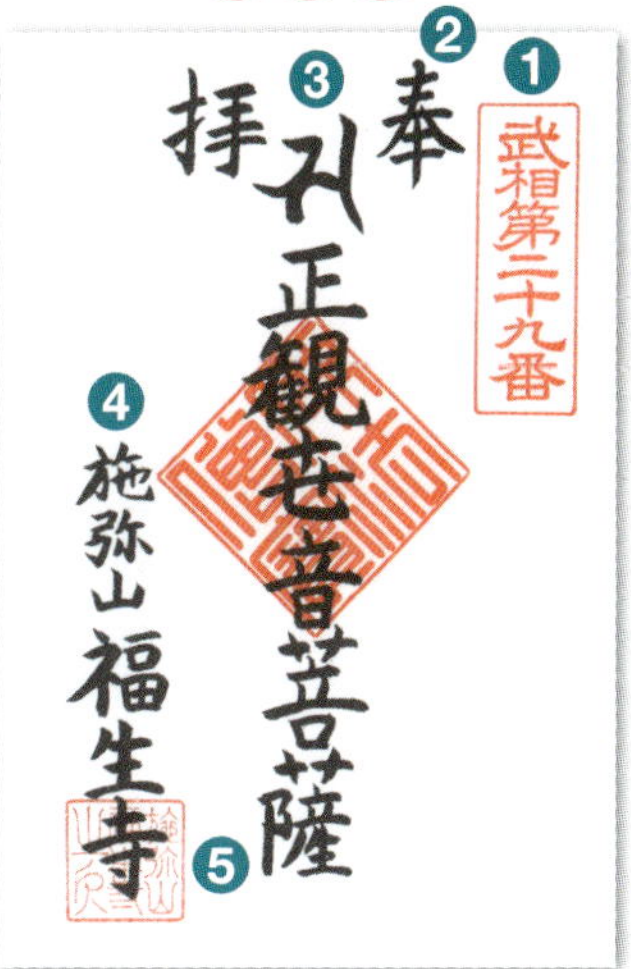

❶武相第二十九番
❷奉拝
❸梵字　正観世音菩薩　仏法僧宝
❹施弥山　福生寺
❺施弥山福生寺之印

御詠歌 第28番

かみおやま
仏《ほとけ》のみちの
観世音《かんぜおん》
二世《にせい》をまもりの
れいぶつもあり

御詠歌 第29番

大慈悲《だいじひ》の
ひなた小山《おやま》の
観世音《かんぜおん》
なつならなくに
法《のり》の施弥山《せみざん》

二十九番の札所も、観音堂。安置されている正観世音菩薩像は、檜の一本造りで、平安時代（11世紀～12世紀）のものとされ、東京都指定有形文化財になっている。

山門から入って正面の高台にある観音堂には、一本造りの正観音像の前に、小ぶりの逗子に納められた十一面観音像が祀られている。

第30番

白瀧山《はくりゅうざん》 高巖寺《こうげんじ》 元町観音堂《もとまちかんのんどう》

真言宗

MAP P103

開基＝不詳
開創＝不明
本尊＝正観世音菩薩

▲本尊、正観音菩薩は上溝元町自治会館の一角に大切に祀られている

自治会館の一角に祀られる安産や養蚕加護の観音さま

高巖寺は、JR相模原線上溝駅から西に向かい、鳩川の手前にある。寺院らしい建物はなく、上溝元町自治会館の一角に置かれている。

道路に面したところに、慶応3（1867）年の「武相札所第三十番正観音菩薩拝礼所」の石碑があり、その台石に「高巖寺」と刻まれているのが、目印になる。

建物入り口の上方には、上溝詠歌講の人々が奉納した、御詠歌が刻まれた扁額が掲げ

御詠歌

観世音《かんぜおん》
祈《いの》るしるしは
有明《ありあけ》の
浮世《うきよ》の闇《やみ》を
照《て》らす上溝《かみみぞ》

DATA

住所
神奈川県相模原市中央区上溝6-18-4

問い合わせ ☎なし

拝観時間 9:00～17:00

アクセス
JR相模線「上溝」駅から、徒歩約10分、車で約4分。

駐車場 なし

▲上溝観音堂の徳本念仏塔は相模原市登録有形民俗文化財になっている

られている。

高巖寺は、もとは、自治会館の西南にある堂ヶ谷戸というところにあり、明治末に現在の地に移されたという。その際に、信者の管理から自治会の管理となったようだ。

本尊の正観音菩薩は、安産や養蚕加護の観音として信仰されている。

また、ここには、文政4（1821）年建立の徳本念仏塔があり「上溝観音堂の徳本念仏塔」として、相模原市登録有形民俗文化財になっている。

ワンモアポイント

鳩川の流音が滝の音のように聴こえたことから、山号を「白瀧山」としたとも伝えられている。

御朱印

❶武相第三十番
❷正観世音菩薩　武相第三十番
❸正観世音菩薩（画）　仏法僧宝
❹行基菩薩御作　相州上溝
❺白瀧山高巖寺

第31番

声音山《しょうおんざん》 観《かん》心《しん》寺《じ》

時宗

MAP P103

開基＝松本左近景宗
開創＝康安元（1361）年
本尊＝正観世音菩薩

▲観心寺は、原当麻自治会の自治会館的な役割も担っている

相模川から観音像を得たと伝わる家内安全、安産で信仰される寺

観心寺は、相模川とJR相模線の原当麻駅との間、無量光寺に程近いところにある。

昭和14（1939）年に建立された「武相三十一番札所正観世音菩薩」の碑がある。現在は無檀寺院で本寺、無量光寺が兼務し、原当麻自治会の自治会館にもなっている。

第97代、村上天皇の宮中警備の武士であった松本左近景宗の開基といわれる時宗の寺。

南朝の衰退を嘆き、信州、松本に逃れていた松本景宗は、

御詠歌

みぞしように
あたりてうたの
御世《みよ》ぞかし
雲《くも》の当麻《たいま》の
観世音堂《かんぜおんどう》

DATA

住所
神奈川県相模原市南区当麻774

問い合わせ
☎042-778-0284（無量光寺）

拝観時間 9:00～17:00

アクセス
JR相模線「原当麻」駅から、徒歩約4分。

駐車場 あり

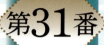

▲戦没者供養塔が立てられている

▲正観世音大菩薩と大きく書かれた立て看板

仏門に入り、無量光寺を訪れ、信仰を厚くし、当麻に居住する。ある日、重病にかかった母が欲した鮎を求めて、相模川で網を打つと、水中に光るものがあり、網の中に観音像が入っていた。それを安置すると、母の病はたちまち全快。その話が伝わり、信者が集まったという伝承がある。

お堂は度々水害に遭い、慶長19（1614）年に現在の地に遷され、家内安全、特に安産のお守りとして信仰されている。

ワンモアポイント

観音堂前には、昭和26（1951）年の卯年に奉納されたどっしりした賽銭箱が据えられている。

御朱印

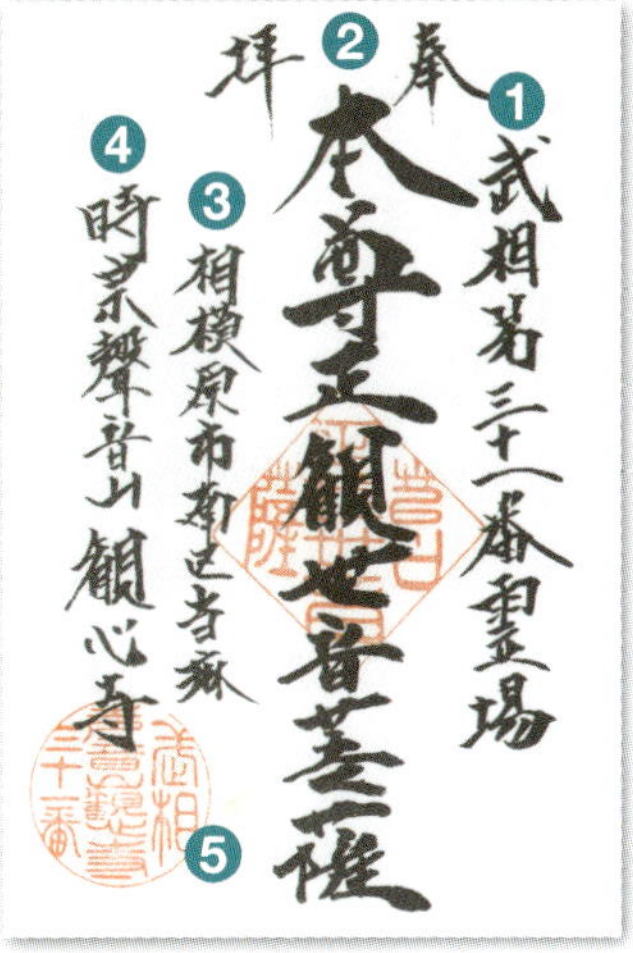

❶武相第三十一番霊場
❷奉拝　本尊正観世音菩薩
正観世音菩薩
❸相模原市南区当麻
❹時宗聲音山観心寺
❺武相声音山観心寺三十一番

第32番

補《ふ》陀《だ》洛《らく》山《さん》 清《せい》水《すい》寺《じ》

曹洞宗

MAP P103

開基＝坂上田村麻呂
開創＝大同２（807）年
本尊＝十一面観世音菩薩

▲真新しい2階建ての本堂は平成23（2011）年に落慶式されたものである

坂上《さかのうえの》田《た》村《むら》麻《ま》呂《ろ》の観音勧請の地、鳩川を見下ろす丘に建つ寺

清水寺は、JR相模線下溝駅の東、鳩川を見下ろす丘の上にある曹洞宗の寺。

征夷大将軍の坂上田村麻呂が大同年間（806〜810）に、観音勧請の地とした当地に、天應院《てんのういん》（相模原市南区下溝）八世天山存雪が慶長元（1596）年に開山。寛永年間（1624〜44年）に東岳寺（台東区浅草）から、慧林宗哲を迎え伽藍《がらん》を建立した。

もとの本尊は千手観音だったが、慶長年間（1596〜

御詠歌

下溝《しもみぞ》の
流《なが》れやすみて
清水寺《せいすいじ》
むくしょじょに
へる観世音《かんぜおん》

DATA

住所 神奈川県相模原市南区下溝1457

問い合わせ ☎042-778-0644

拝観時間 9:00〜17:00

アクセス JR相模線「下溝」駅から、徒歩約3分。

駐車場 あり

▲本堂前右手には十一面観世音菩薩像がある

▲寺号標の先にはコンクリートで整備された境内

▲宗祖道元禅師の御詠歌を刻んだ石碑

1615年）に盗難に遭い、同時に井戸から十一面観世音菩薩が現れたという。この観音は、坂上田村麻呂が観音勧請の聖地として祀っていたものと伝えられ、それが現在の本尊になっている。

　また、清水寺では、毎年10月19日に2基の鉦《しょう》と1基の太鼓で構成される双盤念仏《そうばんねんぶつ》が行われている。戦時中に一時中断したものの、明治4（1871）年の講員帳も残されており、長年にわたって続けられていたことがわかる。

ワンモアポイント

仏教の世界観では補陀落山が観音浄土とされ、山号の補陀洛山はここに由来している。

御朱印

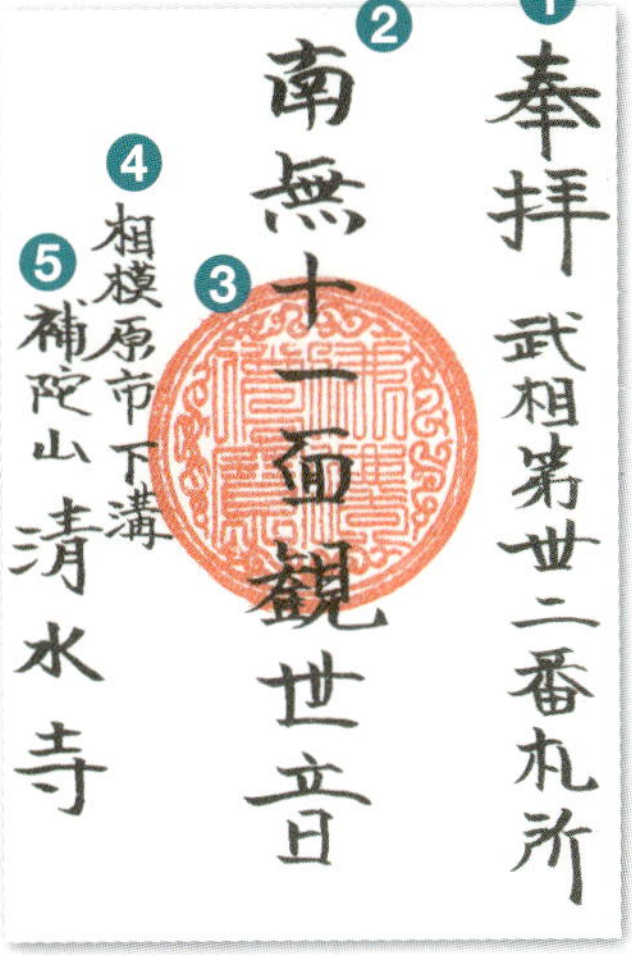

❶奉拝　武相第三十二番札所
❷南無十一面観世音
❸仏法僧宝
❹相模原市下溝
❺補陀山清水寺

第33番

吉祥山《きちじょうさん》 覺圓坊《かくえんぼう》

天台寺門宗

MAP P103

開基＝覺圓
開創＝康平6（1063）年
本尊＝聖観世音菩薩

▲観音堂には、本尊、聖観世音菩薩が祀られている

「木曽の観音様」として親しまれてきた寺

町田市木曽町にある吉祥山覺圓坊は、「木曽の観音様」として古くから親しまれてきた。この辺りは、町田街道の一つ裏手の通りで、旧街道の面影を残している。木曽は、かつて大山道の宿場町として栄えたという。

もとは、園城寺（滋賀県大津市）621坊中の一寺で、康平6（1063）年、園城寺第31代長吏覺圓僧正《ちょうりかくえんそうじょう》が、同寺中の金堂裏に開基したと伝えられる。園城寺は再三の兵

御詠歌

笈摺《おいづり》を
きて観音《かんのん》に
阿耨多羅《あのくたら》
ここぞ三十三《さんじゅうさん》
菩提《ぼだい》しん

DATA

住所
東京都町田市木曽町1502

問い合わせ ☎なし

拝観時間 9:00～17:00

アクセス
JR横浜線「古淵」駅から、車で約5分。

駐車場 あり

▲7月頃には、美しい蓮の花が見られる

▲境内の隅にも寺の目印となる立て看板がある

▲庭園には吉祥山覺圓坊と刻まれた石碑などがある

▲ベンチが置かれ、公園のような雰囲気も漂う

火に遭ったが、本尊、聖観世音菩薩像は鈴鹿山麓に移され、その後、木曽義仲《よしなか》庵に安置された。観応2（1351）年、義仲と縁のあった現在地に移されたという。なお、昭和50年代初めに園城寺末寺新潟県南魚沼市五郎丸より不動明王が移され安置された。

境内では、春の梅や桜をはじめ、藤、蓮、菊と四季折々の花を楽しむことができる。公園のように整備されており、地域のお祭りやフリーマーケットなども行われている。

ワンモアポイント

覺圓坊の近くにある「木曽一里塚」は、町田市指定史跡になっている。

御朱印

❶武相三十三番
❷本尊聖観世音菩薩
❸梵字（観音菩薩）
❹吉祥山覺圓坊
❺吉祥山覺圓坊

第34番

柳澤山《りゅうたくさん》 泉蔵寺《せんぞうじ》

曹洞宗

▶整備された町田霊園

▲町田霊園の霊園事務所、休憩所が設置されている

江戸時代中期 地元領主によって開基された

柳澤山泉蔵寺は、享保年間（1716～1736年）に、定天慈海大和尚が開山。正徳5（1715）年、当時の下小山田村領主、柳澤《やなぎさわ》備後守《びんごのかみ》信尹《のぶただ》によって、江戸牛込（現在、新宿区）宗参寺の末寺として開基されたという。宗参寺は、柳澤家の菩提寺である。

山号の柳澤山は、柳澤備後守にちなんでおり、元禄時代（1688～1704年）、江戸幕府の中枢にいて威勢を誇っていた柳澤吉保にも縁が

MAP P104

開山＝定天慈海大和尚
開基＝柳澤備後守信尹
開創＝正徳5（1715）年
本尊＝十一面観世音菩薩

御詠歌

もろともに
南無観世音《なむかんぜおん》
唄《とな》うれば
慈悲《ぢひ》おおさわに
誓《ちか》いまします

DATA

住所 東京都町田市下小山田町1391

問い合わせ ☎042-797-1848

拝観時間 9:00～17:00

アクセス 小田急多摩線「唐木田」駅から、車で約10分。

駐車場 あり

▲本尊の十一面観世音菩薩は本堂に安置されている

深いという。

本尊は、十一面観世音菩薩である。かつては、六間に五間の本堂があったが、度々の災厄を経て変遷し、昭和26（1951）年の不慮の火災で焼失した。現在の本堂は昭和54（1979）年に建立されたものである。

また、昭和57（1982）年には町田霊園を併設し、境内には霊園事務所が置かれている。霊園入口には古い石仏が並び、江戸時代から続く寺の歴史を偲ばせる。

ワンモアポイント

柳澤吉保は、第5代将軍徳川綱吉の寵愛を受け、元禄時代には大老格として幕政を主導した。

御朱印

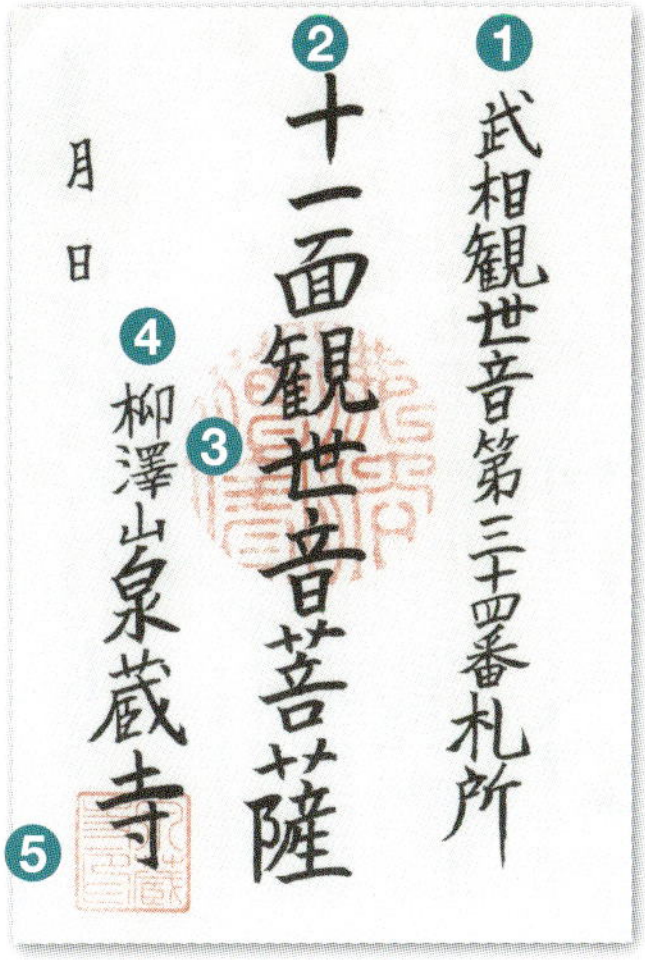

❶武相観世音第三十四番札所
❷十一面観世音菩薩
❸仏法僧宝
❹柳澤山泉蔵寺
❺泉蔵寺印

第35番

上《かみ》柚《ゆ》木《ぎ》 観《かん》音《のん》堂《どう》

▲観音堂には、本尊準提観世音菩薩が安置されている

地域の人たちに守られる準提観世音菩薩を祀る観音堂

MAP P105

開基＝不詳
開創＝不明
本尊＝準提観世音菩薩

上柚木の観音堂は、「絹の道」（幕末に横浜へと輸出用の生糸が運ばれたルート）のある八王子市鑓水《やりみず》の西方、由《ゆ》木《ぎ》街道から北に入り神明神社へ登る途中にある。

開創は不明だが、文化年間（1804～18年）に由木の永林寺住職の勧めで伊藤某が並木原に観音堂を再建したと伝えられる。当時のお堂は三間四方で、長さ2尺あまりの石製の準提観世音菩薩が祀られていたという。

御詠歌

柚木《ゆぎ》みれば
誓《ちか》いも深《ふか》し
慈悲《じひ》の松《まつ》
みどりこのなん
すくう観音《かんのん》

DATA

住所
東京都八王子市上柚木402-2

問い合わせ ☎なし

拝観時間 9:00～17:00

アクセス
京王相模原線「南大沢」駅から、車で約10分。

駐車場 あり

▲かつての手水舎（ちょうずや）が残っている

▲武相観音三十五番 上柚木 観音堂入口とある

▲上柚木神明町会集会所にもなっている

現在地に観音堂を移したのは明治の初め、火災に遭った後のこと。火災の際、観音像も破損してしまったため、新たに小ぶりの木製の準提観世音菩薩像がつくられ、本尊として安置されている。

　明治の中頃までは、永林寺が管理していたが、現在の観音堂は、上柚木神明町会集会所にもなっており、地元の方々によって守られている。

　観音堂の左手には、文化年間（1804～18年）のものとされる手水石《ちょうずいし》が残されている。

ワンモアポイント

観音堂から神明神社の周辺は、かつての多摩丘陵の面影を残す豊かな緑に囲まれている。

御朱印

1 奉納　武相三十五番
2 本尊　準提觀世音菩薩
3 仏法僧宝
4 上柚木観音堂
5 上柚木観音堂

第36番

圓通庵《えんつうあん》（富亀山《ふきざん》 養樹院内《ようじゅいんない》）

曹洞宗

MAP P104

開基＝不詳
開創＝不明
本尊＝準提観世音菩薩

▲山門の正面、緑に囲まれて養樹院本堂が建っている

女性のお守りとして信仰される 緑あふれる境内にある観音さま

養樹院があるのは、町田市上小山田町。JR横浜線・淵野辺駅の北西、町田街道を少し入ったところに位置する。養樹院は、慶長19（1614）年、大泉寺（町田市下小山田町）11世聖翁存祝和尚が、荒廃していた寺院を曹洞宗寺院として再興したと伝えられる。

六地蔵が左右に分かれて立つ山門から、豊かな緑に満ちた境内に入ると、左手に、鐘楼と並んで圓通庵がある。ここが武相観音霊場第三十六番

御詠歌

たいらかに
導《みちび》きたもう
観世音《かんぜおん》
竜宮《りゅうぐう》よりも
たすけでたもう

DATA

住所
東京都町田市上小山田町2536

問い合わせ ☎042-797-3067

拝観時間 9:00〜17:00

アクセス
小田急多摩線「唐木田」駅から、車で約12分。または、JR横浜線「淵野辺」駅から、「はなみずきの丘」行きバスで、終点下車、徒歩約5分。

駐車場 あり

札所となっている観音堂である。本尊、準提観世音菩薩は、女性のお守りとして信仰されている。

▲武相観音霊場第三十六番札所になっている「圓通庵」と呼ばれる観音堂

庵の正面右の石碑には「武相三十六番普陀所」と刻まれている。「札所」を観音にちなんで、「普陀所」と表記したのは、大変、興味深いところ。この石碑は天保14（1843）年建立のもので、当時、札所がすでに、三十三番までではなく、三十六番まであったことがわかる武相観音霊場の資料としても貴重なものだ。

ワンモアポイント

境内には、彦根緑山の句を中村汀女（なかむらていじょ）の筆にした「松山も　榛の木山も春の声」の句碑がある。

▲境内にある萬霊供養慈母観音像

第37番

龍《りゅう》澤《たく》山《さん》 祥《しょう》雲《うん》寺《じ》

曹洞宗

●武相寅歳薬師如来第十九番

MAP P102

開山＝寥堂秀郭大和尚
開基＝不詳
開創＝大永6（1526）年
本尊＝釈迦如来

▲伽藍や庭園のあるエリアと山門を隔てて墓所がある

「身代わり観音」として名高い美しい庭園があるお寺

祥雲寺は、町田駅南東に広がる住宅街の一角にある。大永6（1526）年、石雲寺（伊勢原市）第三世 寥《りょう》堂《どう》秀《しゅう》郭《かく》大《だい》和尚《おしょう》を招き開山、小田原北条家が武運長久を祈願し、檀信徒の拠り所となることを願い、創建された。本尊は釈迦如来である。

左右に仁王像があり、鐘楼を兼ねた二階建ての山門を入ると、正面に昭和51（1976）年に建立された本堂と客殿がある。本堂の左にある観

御詠歌

高《たか》き坂《さか》
登《のぼ》りて拝《おが》む
身《み》がわりの
昔《むかし》の光《ひかり》
今《いま》にかがやく

DATA

住所
東京都町田市高ヶ坂7-15-1

問い合わせ ☎042-728-5641

拝観時間 9:00〜17:00

アクセス
JR・小田急「町田」駅から、徒歩約13分、車で約5分。

駐車場 あり

▲観音像は、本堂左手にある観音堂に祀られている

▲昭和51（1976）年に建立された本堂

▲釈迦様が亡くなる際に残したとされる佛足跡

▲仁王像を配し、鐘楼を兼ねた二階建ての山門

音堂は、昭和46（1971）年に旧本堂を移築したものである。

観音堂正面に祀られる聖観世音菩薩は、「身代わり観音」として名高い。宝暦《ほうれき》の時代、寺領を自分のものにしようと目論んだ者が住職を相手に訴訟を起こしたが敗訴し、ある夜、逆上して僧に切りかかった。僧は無事だったが、傍にあった観音像の右肩に刀痕があったと伝えられ、以来、身代わり観音として信仰されているという。

ワンモアポイント

境内には、掃除小僧、十二支の守り本尊像、水子観音像、七福神などの多くの石像がある。

御朱印

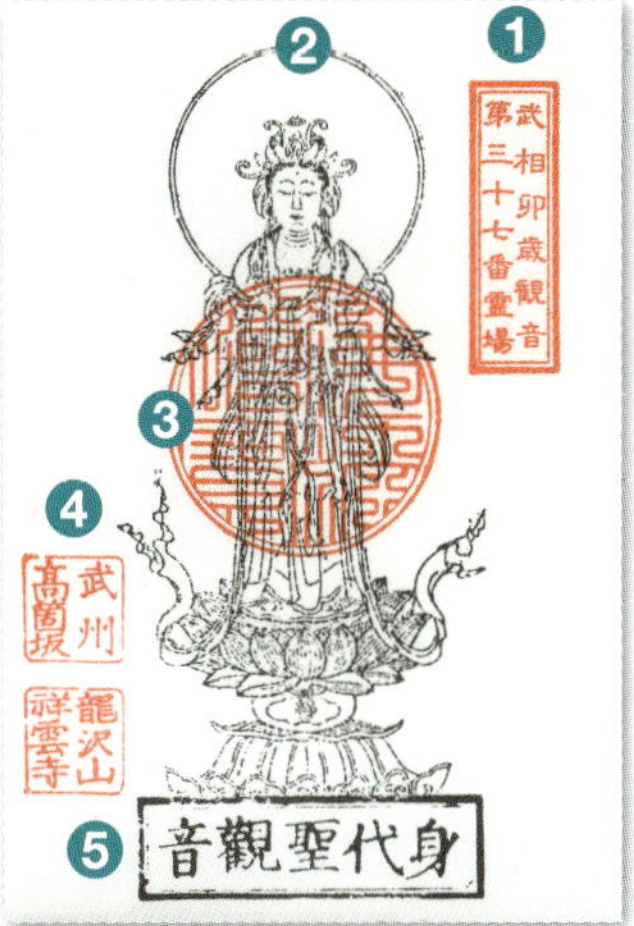

❶武相卯歳観音第三十七番霊場
❷聖観世音菩薩（画）
❸仏法僧宝
❹武州高箇坂　龍沢山祥雲寺
❺身代聖観音

第38番

大悲山《だいひざん》 慈眼寺《じげんじ》

真言宗

MAP P107

開基＝沢山法師
開創＝安政7（1860）年
本尊＝聖観世音菩薩

▲自然に囲まれ、趣のある佇まいの観音堂

「底なし袋」で安産祈願される「都井沢《といさわ》の観音さま」

安政7（1860）年、創建。沢山法師が開基と伝えられる真言宗の寺。慈眼寺があるのは、相模原市緑区城山。城山湖の南東で、二十五番札所の普門寺から300メートルほどのところに位置する。

自然に囲まれた境内には、地蔵や庚申塔《こうしんとう》など、古い石造物が残っている。石段を上った正面に観音堂がある。本尊は、聖観世音菩薩である。

大悲山慈眼寺は、地域の人々から、「都井沢の観音さ

御詠歌

見渡《みわた》せば
たからがみねも
かわざかい
大悲《だいひ》の山《やま》に
朝日《あさひ》かがやく

DATA

住所
神奈川県相模原市緑区城山4-367

問い合わせ ☎なし

拝観時間 例祭時

アクセス
JR横浜線・京王相模原線「橋本」駅から、車で約20分。

駐車場 あり

▲江戸後期、安政7（1860）年建立の石灯籠

▲石段を上った先に観音堂がある

▲歴史を感じさせる地蔵などの石像が並ぶ

ま」と親しまれ、信仰されてきた。この地区の念仏講で唱える歌には、「大悲の山の……」という一節が残っているという。

特に、安産守護に霊験あらたかな観音さまとされ、「当地においては難産になるものなし」と語り継がれてきたという。現在も、底を閉じない袋「底なし袋」を観音堂の戸に吊るして安産祈願をする風習が残っている。

毎年、4月8日と9月29日前後の日曜日に例祭がある。

ワンモアポイント

「底なし袋」は安産祈願の風習として、日本各地の神社や寺院でみられる。

御朱印

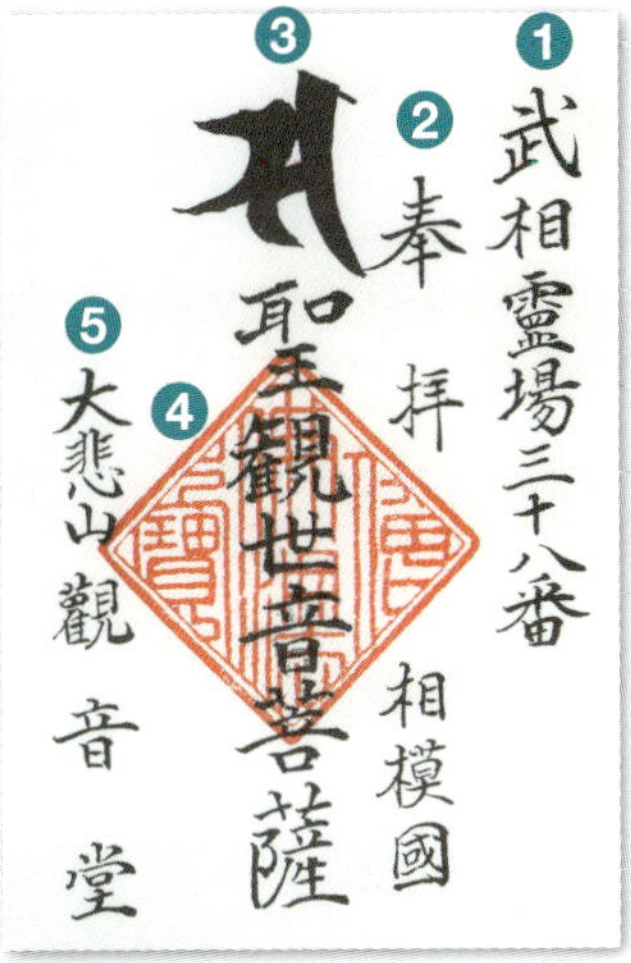

1 武相霊場三十八番
2 奉拝　相模國
3 梵字　聖観世音菩薩
4 仏法僧宝
5 大悲山慈眼寺

第39番

金森山《かなもりさん》 宗保院《そうほいん》

曹洞宗

MAP P102

開基＝大河伊与
開創＝1542年
本尊＝千手観世音菩薩

▲昭和47（1972）年に建立された本堂は、重厚感ある鉄筋コンクリート造り

町田駅の近く、重厚な仁王門がある寺

天文11（1542）年に、この地の豪士、大河伊与が開基となり創建。開山は吸江和尚と伝えられる。

宗保院は、町田駅に程近く、道路沿いに石造りの寺号標がある。以前の総門は、勝楽寺（原町田3丁目）の斜め前にあったが、明治41（1908）年の横浜線開通により1丁目の通りに接する現地に移されたという。

境内に入ると、左右に威厳のある仁王像が立つ立派な山

御詠歌

救《すく》はれて
嬉《うれ》しき千手《せんじゅ》
観世音《くわんぜおん》
日々《ひび》に唱《とな》へん
南無大慈悲《なむだいじひ》を

DATA

住所
東京都町田市原町田1-8-13

問い合わせ ☎042-722-3133

拝観時間 9:00～17:00

アクセス
JR・小田急「町田」駅から、徒歩約5分。

駐車場 あり

▲お墓の前には如来像が祀られている

▲迫力ある仁王像が立っている山門（仁王門）

▲境内には秋葉権現を祀る秋葉堂がある

門（仁王門）が構えられている。山門を入ると、右手に鐘楼があり、左手には聖観世音菩薩像が立ち、その先の正面に本堂がある。

本堂には、本尊の千手観世音菩薩が祀られている。この観音は、大河氏の守り本尊であったという。

本堂の左手には、火除けの神として信仰される秋葉権現を祀った秋葉堂がある。また、平成21（2009）年に祀られた「原町田七福神」の布袋尊がある。

ワンモアポイント

手水舎（ちょうずや）にある水桶の真ん中には、天狗像が置かれている。

御朱印

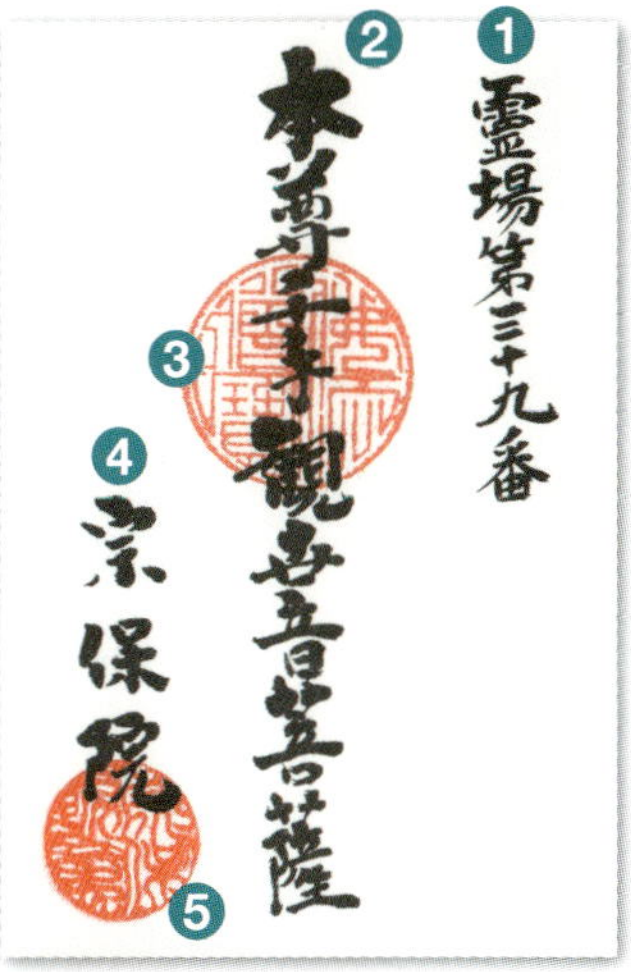

❶霊場第三十九番
❷本尊千手観世音菩薩
❸仏法僧宝
❹宗保院
❺宗保院之印

第40番

飯盛山《はんせいざん》 永昌院《えいしょういん》

曹洞宗

MAP P105

開山＝岳應義堅和尚
開基＝葛沢豊前守
開創＝天正10（１５８２）年
本尊＝釋迦牟尼佛

▲本尊、十一面観世音菩薩が祀られている観音堂

京王線北野駅の南東、白い仁王像の立つ山門がある寺

永昌院は、京王線北野駅の南東に位置する。

永林寺（八王子市下柚木）第三世岳應《がくおう》義堅《ぎけん》和尚《おしょう》により天正10（１５８２）年に創建された。開基は葛沢豊前守と伝えられる。もとは、文安４（１４４７）年、稟安という僧が興した観音堂の別当寺だったという。

白く大きな仁王像の立つ山門を入ると、左手に観音堂があり、本尊の十一面観世音菩薩が安置されている。現在の

御詠歌

つづらおる
歩《あゆ》みもかろし
中山《なかやま》の
弘誓《ぐぜ》のえにし
頼《たよ》るこの身《み》は

DATA

住所
東京都八王子市中山452-2

問い合わせ ☎042-676-8693

拝観時間 9:00～17:00

アクセス
京王高尾線「北野」駅から、車で約8分。または、京王相模原線「南大沢」駅から、車で約10分。

駐車場 あり

▲本堂には色鮮やかな天井画がある

▲かわいらしい猫の石像は寺の目印になっている

▲山門前に立つ白く大きな石の仁王像

▲石段を上った先に山門がある

観音堂は、大正8（1919）年に再建されたもの。山門の正面ある本堂は、昭和46（1971）年に建立された、モダンな雰囲気の建物である。

寺号標の手前には、「永昌院」を背負ったふっくらした猫の石造物が置かれている。

また、寺の西方にある白神神社には、経塚が数基あったといわれる。仁平4（1154）年の奥書がある法華経などの経巻10巻、経筒などが出土されており、東京都指定有形文化財になっている。

ワンモアポイント

寺の目印にもなっている猫の石像のモデルは、永昌院の飼い猫だという。

御朱印

①奉拝　武相第四十番
②仏法僧宝　梵字「キャ」
十一面観世音菩薩（画）
③七難消滅　七福即生
④飯盛山永昌院　永昌禅院
⑤武州中山観音別富永昌院

▲永林寺山内の守護神として豊川稲荷（愛知県）より分霊された豊川殿

第41番

金峰山《きんぽうさん》 永林寺《えいりんじ》

曹洞宗

MAP P105

開基＝大石定久
開創＝天文元（1532）年
本尊＝釈迦牟尼仏

「由木《ゆぎ》の赤門」がある 八王子市内有数の大寺院

永林寺は、八王子市内でも有数の大寺院で、地域に10の末寺を有している。

武蔵国守護代、大石定久《おおいしさだひさ》の居館（由木城）だったものを、定久が滝山城へ移る際に叔父の一種長純大《いっしゅちょうじゅんだい》和尚《おしょう》に譲り、天文元（1532）年に永鱗《えいりん》寺《じ》として創建された。

永林寺の入口は、「由木の赤門」と呼ばれる総門である。天正19（1591）年、徳川家康公が参拝された折り、朱印十石、公家格式十万石を授

御詠歌

御仏《みほとけ》の
深《ふか》き恵《めぐみ》の
法《のり》のみち
こがねが峰《みね》に
響《ひび》く鐘《かね》の音《ね》

DATA

住所
東京都八王子市下柚木4

問い合わせ ☎042-676-8410

拝観時間 9:00～17:00

アクセス
京王相模原線「京王堀之内」駅から、車で約10分。

駐車場 あり

▲高さ20メートルある立派な三重塔

▲総門は、格式の高い寺院にだけ許された赤門

▲十六羅漢像が並んだ先に山門がある

けられ、赤門の建立が許可された。総門をくぐると、十六羅漢像の先に三門、中雀門《ちゅうじゃくもん》があり、左に豊川殿、右に鐘楼がある。正面に本堂である。豊川殿の後方には、三重塔がそびえる。昭和55（１９８０）年に、向上寺（広島県尾道市）の国宝、禅宗様式三重塔を模して建立された。

塔内には、文政６（１８２３）年につくられた聖観世音菩薩が本尊として祀られているほか、１７２体の小観音菩薩も安置されている。

ワンモアポイント

本堂裏の高台には、由木城址の石碑と大石定久公像が建てられている。

御朱印

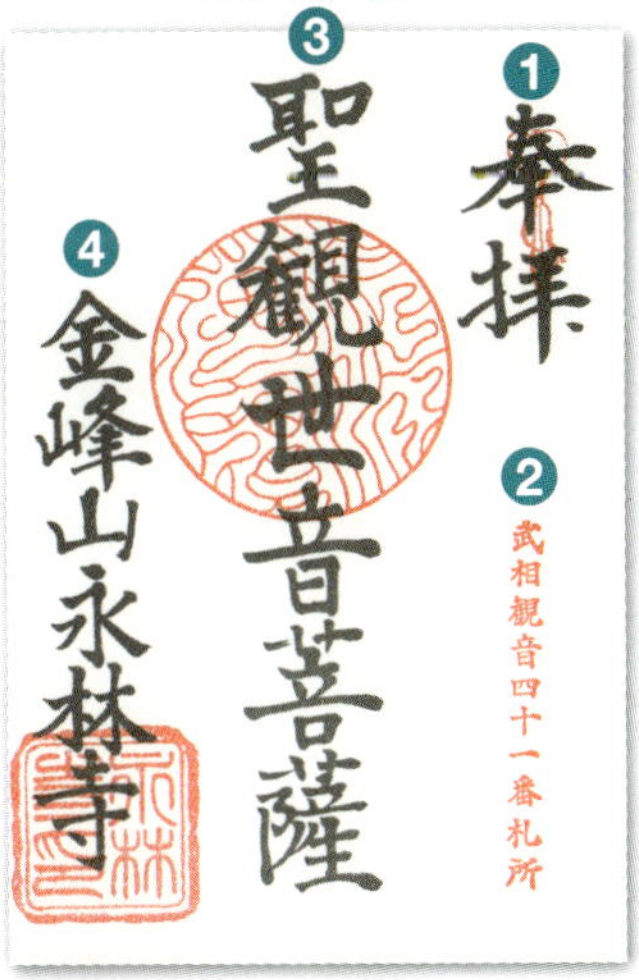

❶奉拝　如意という仏具
❷武相観音四十一番札所
❸聖観世音菩薩　仏法僧宝
❹金峰山永林寺　永林寺印

第42番

白華山《はくかさん》 慈《じ》眼《げん》寺《じ》

曹洞宗

MAP P106

開山＝心安守公和尚
開基＝畠中進江
開創＝文安2（1445）年
本尊＝聖観世音菩薩

片倉城跡を望む豊かな緑の中に赤い山門が際立つ古刹

白華山慈眼寺は、文安2（1445）年に心安守公和尚により開山されたという。「晋山上堂の夜、白華庭前に開くと夢む（新しい住職が正式に寺に入る儀式の夜、庭に白華が開くという霊夢を見た）」ことから、山号を白華山としたと伝えられる。

また、法華経大25品「観世音菩薩普門品」中の「具一切功徳慈眼市視衆生」の深意をとって慈眼寺と名付けられたといい、観音信仰を中心とし

▲寺の入口には、右に寺名標、左に武相観音札所の石碑が立つ

御詠歌

白華山《はくかざん》
蓮《はす》いけ清《きよ》し
慈眼寺《じげんじ》の
厄除《やくよ》け観音《かんのん》
薩埵《さった》の光《ひかり》

DATA

住所 東京都八王子市片倉町944
問い合わせ ☎042-636-6930
拝観時間 9:00〜17:00
アクセス JR横浜線「片倉」駅から、徒歩約6分。または、京王線「京王片倉」駅から、徒歩約15分。
駐車場 あり
http://jigen-ji.org

▲本堂は昭和45（1970）年に落慶式が行われた

▲仁王像のある二階建ての赤い山門

▲山門から本堂までまっすぐ石畳が続く

▲境内の一角には六地蔵が並ぶ

た寺であることがわかる。

慈眼寺は、JR横浜線片倉駅の南、駅から徒歩6分ほどのところにある。豊かな自然に囲まれた境内には、樹齢約400年の榧《かや》の木や約300年の銀杏の木がそびえている。

緑の中に際立つ赤い山門は、両脇に仁王像があり、二階が鐘楼になっている。山門の正面にある本堂には、十一面観世音菩薩が祀られている。この観音は、七宝山観音寺（香川県観音寺市）の写しだという。

ワンモアポイント

寺の周囲は、八王子市の片倉斜面緑地保全区域に指定されている。

御朱印

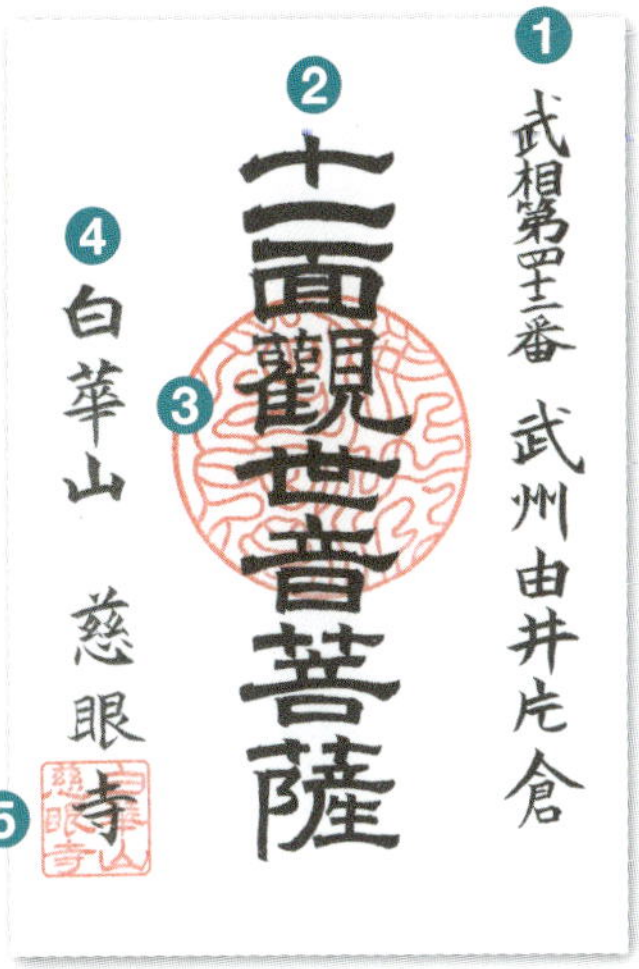

❶武相第四十二番　武州由井片倉
❷十一面観世音菩薩
❸仏法僧宝
❹白華山　慈眼寺
❺白華山慈眼寺

第43番

金龍山《きんりゅうさん》 信松院《しんしょういん》

曹洞宗

MAP P106

開基＝信松尼（松姫）
開創＝天正18（1590）年
本尊＝釋迦牟尼佛

▲観音堂。右手前には「八王子 御所水観音」の石標がある

「御所水《ごしょみず》観音」とも呼ばれる 武田信玄の息女《そくじょ》、松姫ゆかりのお寺

信松院があるのは、JR西八王子駅から徒歩で15分ほどの八王子市台町（御所水）。天正18（1590）年、武田信玄の息女、松姫を開基として創建された。

松姫は7歳の時に織田信長の長男信忠と婚約したが、三方ヶ原の戦いでは両家が敵対するようになり解消。天正10（1582）年、武田氏が滅亡すると、松姫は八王子に逃れ、心源院に出家、尼僧になった。その後、御所水の地に自

御詠歌

御仏《みほとけ》の
誓《ちか》いはたかき
金龍山《きんりゅうざん》
松《まつ》の響《ひび》きも
御法《みのり》なるらん

DATA

住所 東京都八王子市台町3-18-28
問い合わせ ☎042-622-6978
拝観時間 9:00〜15:30
アクセス JR中央線・横浜線「八王子」駅から、車で約5分。
駐車場 あり

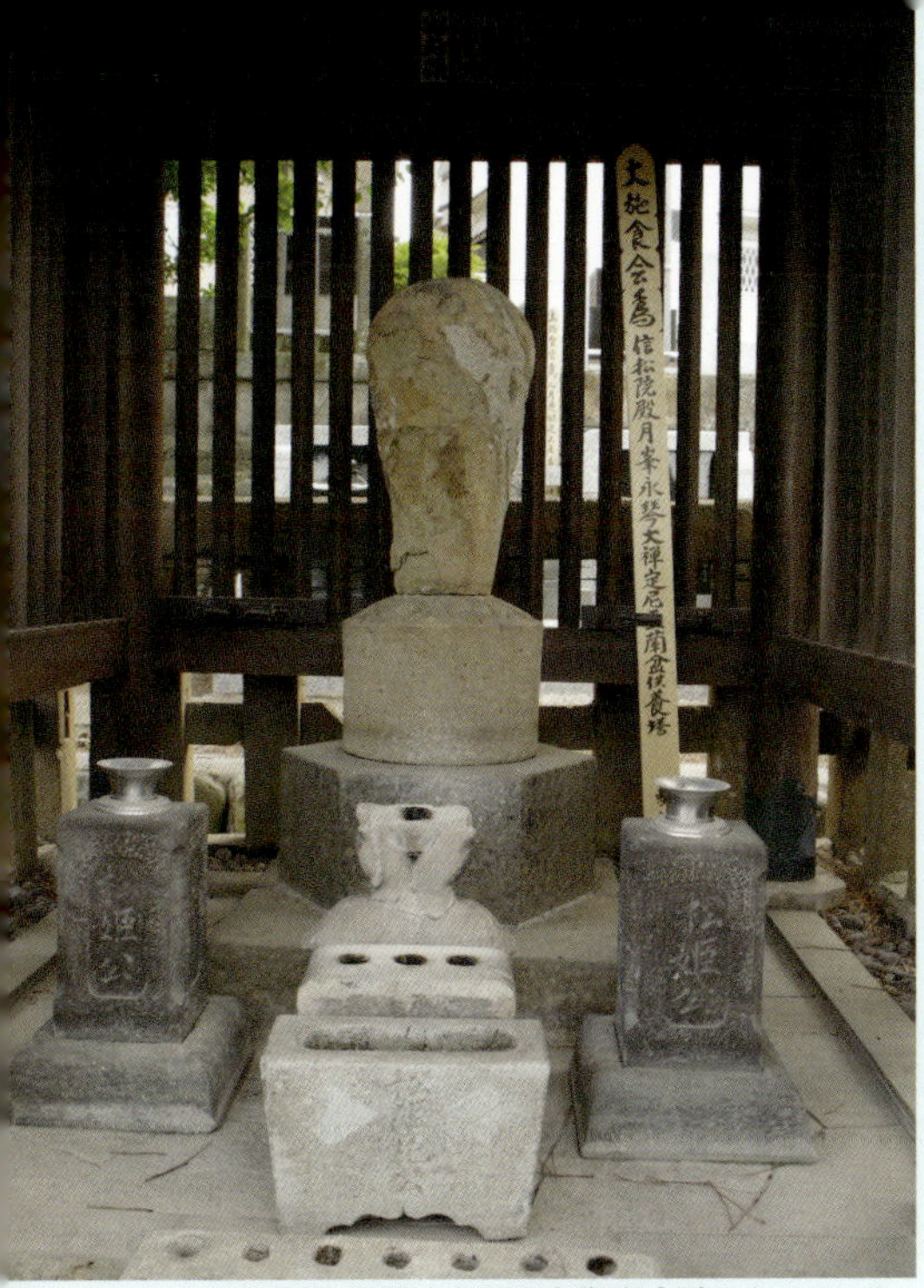

▲松姫尼公墓は八王子市指定史跡になっている

▲武田氏の家紋「武田菱」が入口の門にある

▲本尊の釈迦牟尼佛が祀られている本堂

身の庵を建て、聖観世音菩薩を安置した。

元和2（1616）年に亡くなった松姫は、一度は婚約した身であるからと生涯独身を通したといわれる。女性の不幸は我が身でたくさんと、すべての女性の幸福を誓願され、松姫の墓所には、より幸せを願う女性の参詣が多いという。

宝物殿に納められている木造松姫坐像は、八王子市指定文化財に、武田軍船模型は東京都有形文化財になっている。

ワンモアポイント

観音堂の地階が布袋堂となっており、八王子七福神の布袋像を祀っている。

御朱印

❶南無聖観世音菩薩
❷聖観世音　四十三番札所
❸聖観世音菩薩（画）　仏法僧宝
❹武田信玄四女松姫尼公開基
❺曹洞宗　金龍山信松院　八王子市台町
金龍山信松院

第44番

大澤山《だいたくさん》 宗印寺《そういんじ》

曹洞宗

MAP P105

開基＝中山助六郎照守
開創＝慶長4（1599）年
本尊＝聖観世音菩薩

源氏の重鎮として活躍した武士、平山季重《ひらやますえしげ》ゆかりの寺

▲本堂には、本尊の聖観世音菩薩のほか千手観世音菩薩も安置される

宗印寺があるのは、京王線、平山城址公園駅南東の丘陵で、日野台地から遠く奥多摩の山々を望むことができる。

宗印寺境内は昔、安行寺無量院のあった所といわれている。縁起によれば、裏手にあたる地に一体の聖観世音菩薩像があり、その観音は人々の求めには必ず応え、願いの叶えられないことはなかったという。慶長4（1599）年、この地を知行《ちぎょう》した中山照守は、永林寺（八王子市柚木）七世

御詠歌

平山《ひらやま》に
名高《なだか》きぶしの
みまもりよ
おての大悲《だいひ》に
頼《たの》みがいあり

DATA

住所
東京都日野市平山6-15-11

問い合わせ ☎042-592-6699

拝観時間 9:00～17:00

アクセス
京王線「平山城址公園」駅から、徒歩約5分。

駐車場 あり

▲地蔵菩薩坐像の左右に五百体ずつ小地蔵像がある

▲石段を上った先に山門がある

▲日野七福神の布袋尊

▲大福寺より移設された平山季重の墓

傑秀賢鷲和尚に頼み、一庵を建て、その像を安置したのが始まりと伝えられる。この聖観世音菩薩は本尊として、本堂中央に安置されている。

境内には、この地に居を構えたといわれる平山季重の墓がある。平山氏は源義経に伴い武功を上げ、鎌倉幕府では元老に取り上げられた武将である。地蔵堂には平山季重坐像、地蔵菩薩坐像および千躰《せんぼん》地蔵が納められており、いずれも日野市有形文化財になっている。

ワンモアポイント

境内各所に、昭和10(1935)年前後に建立した西国観音霊場の観音石像がある。

御朱印

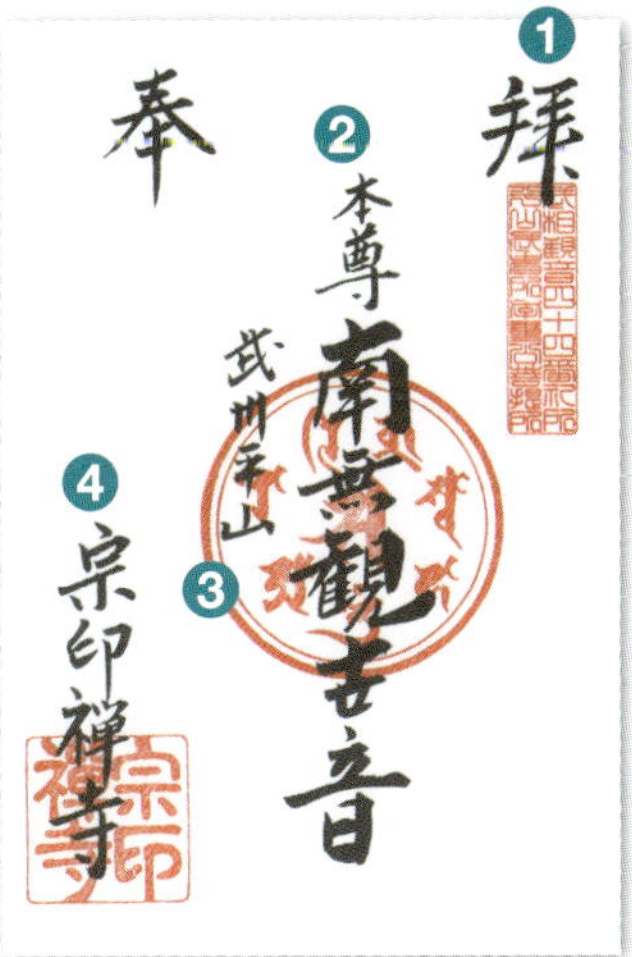

❶奉拝　武相観音四十四番札所　平山武者所季重公菩堤所
❷本尊　南無観世音　武州平山
❸梵字(諸菩薩)
❹宗印禅寺　宗印禅寺

第45番

金光山《きんこうざん》 観泉寺《かんせんじ》

曹洞宗

MAP P104

開基＝飯田次郎右衛門昌重
開創＝寛永3（1626）年
本尊＝聖観世音菩薩

▲本堂は昭和51（1976）年に建立されたものである

真光寺川のほとり、唐棕櫚《とうじゅろ》の木がそびえるお寺

観泉寺があるのは、町田市真光寺町、真光寺川のほとりである。このあたりには、かつて真光寺という寺があり、それが地名の由来であると伝えられている。

開基は飯田次郎右衛門昌重。大坂夏の陣で、この地の地頭であった父、右馬之助昌有が元和元（1615）年に戦死したため、その供養のために、大泉寺（町田市小山田町）の存祝大和尚を迎えて寛永3（1626）年に開創した。昭

御詠歌

鶴川《つるかわ》の
真光《しんこう》の里《さと》
観泉寺《かんせんじ》
我《わ》が声《こえ》たかく
南無観世音《なむかんぜおん》

DATA

住所
東京都町田市真光寺町1210

問い合わせ ☎042-735-1575

拝観時間 9:00～17:00

アクセス
小田急「黒川」駅、「はるひ野」駅から、車で約5分。

駐車場 あり

▲曹洞宗の寺らしく釈迦牟尼佛像が立っている

▲石段の先の本堂前には唐棕櫚がそびえる

▲境内の一角に洗心童子像がある

和62（1987）年の開扉から武相観音の霊場となった。
寺の入口には、文化10（1813）年の「萬霊等《ばんれいとう》」が立ち、左手に六地蔵が並ぶ長い参道を行くと正面に本堂がある。本堂には、御本尊の聖観世音菩薩坐像、脇本尊として観世音菩薩立像と観世音菩薩半跏像が安置されている。観音像は、いずれも室町時代初期のものといわれている。
後に唐棕櫚が植樹された境内は、古来の日本の寺と異なる独特な趣がある。

ワンモア ポイント

「萬霊等（ばんれいとう）」の「等」は「塔」の当て字で、「霊みな等しい」という意味合いを持たせている。

御朱印

❶武相四十五番　奉拝
❷本尊聖觀世音菩薩
❸仏法僧宝
❹金光山観泉寺
❺金光山観泉寺

第46番

一乗山《いちじょうさん》 吉祥院《きちじょういん》

真言宗

●多摩八十八ヶ所第六十七番

MAP P107

開山＝賢盛
開基＝頼源坊
開創＝応永年間（1394～1427年）
本尊＝大日如来

▲昭和46（1971）年に建立された本堂

眺望の良い丘陵に多数の仏像が安置される寺

開山は賢盛、開基は頼源坊で、応永年間（1394～1427年）に創建。慶長7（1602）年宝樹房行盛法印が中興《ちゅうこう》したと伝えられる。もとは、八王子市日吉町にあったが、昭和20（1945）年の八王子大空襲で全焼し、昭和29（1954）年に現在地に移転し、仮本堂と庫裡《くり》を建立した。

戦火で焼失した聖観世音菩薩は、昭和40（1965）年に再建造立され、本堂に祀ら

御詠歌

有《あ》り難《がた》や
観音《かんのん》不思議《ふしぎ》の
妙智力《みょうちりき》
福寿無量《ふくじゅむりょう》の
誓《ちか》いとうとし

DATA

住所
東京都八王子市長房町58-3
問い合わせ ☎042-661-5448
拝観時間 9:00～17:00
アクセス
JR中央線「西八王子」駅から、車で約10分。
駐車場 あり

▲勢至観音菩薩を祀る「二十三夜堂」

▲十三仏と守り本尊を合わせた十五仏が並ぶ

▲飯縄大権現を祀る高尾山遥拝所からは高尾山が望める

▲弘法大師像を祀るお堂

れている。
吉祥院は、住宅街から奥まった丘陵地に位置しており、緑に囲まれた境内では数々の地蔵、十五仏、毘沙門天、飯縄大権現とさまざまな仏像を見ることができる。昭和46（1971）年には、八王子七福神の吉祥天女像も安置された。ちなみに、この吉祥天は七福神の古来からの縁起にちなんでいる。
高台からは、高尾山や丹沢の山並みを望み、八王子の市街地を見渡すことができる。

ワンモアポイント

境内には、映画「となりのトトロ」のトトロやネコバスなどのキャラクターの石像もある。

御朱印

❶奉拝　武相観音四十六番
❷大聖観世音菩薩
❸仏法僧宝
❹一乗山吉祥院
❺一乗山吉祥院

第47番

境國山《きょうこくさん》 定方寺《じょうほうじ》

曹洞宗

MAP P102

開基＝不詳
開創＝慶長15（1610）年
本尊＝釈迦如来

▲門柱から入ると整備された境内。正面には本堂がある

相模原市と町田市の境にある平和聖観音像が立つ寺

慶長15（1610）年、竹峰了嬾大和尚により開創されたと伝えられる。

境國山定方寺は、相模原市と町田市に接するところにあり、山号のとおり、国境の寺である。当初は、現在地東側の境川沿いにあったが、度々、水害に遭ったため、元禄3（1690）年に、現在地に移転したという。移転前の跡地は、定方寺公園になっている。

江戸時代末には寺子屋が開かれ、明治20（1887）年、

御詠歌

補陀落《ふだらく》や
さかいの国《くに》の
観世音《かんぜおん》
御法《みのり》をうたに
うとうきみがよ

DATA

住所
神奈川県大和市下鶴間145

問い合わせ ☎046-274-0421

アクセス
東急田園都市線「つきみ野」駅から、徒歩約20分、車で約7分。

駐車場 あり

▲昭和50（1975）年に建立された平和聖観音像

▲白色系の柱が目立つ明るい印象の本堂

▲本堂向かって左手側にある瘡守稲荷堂

御朱印

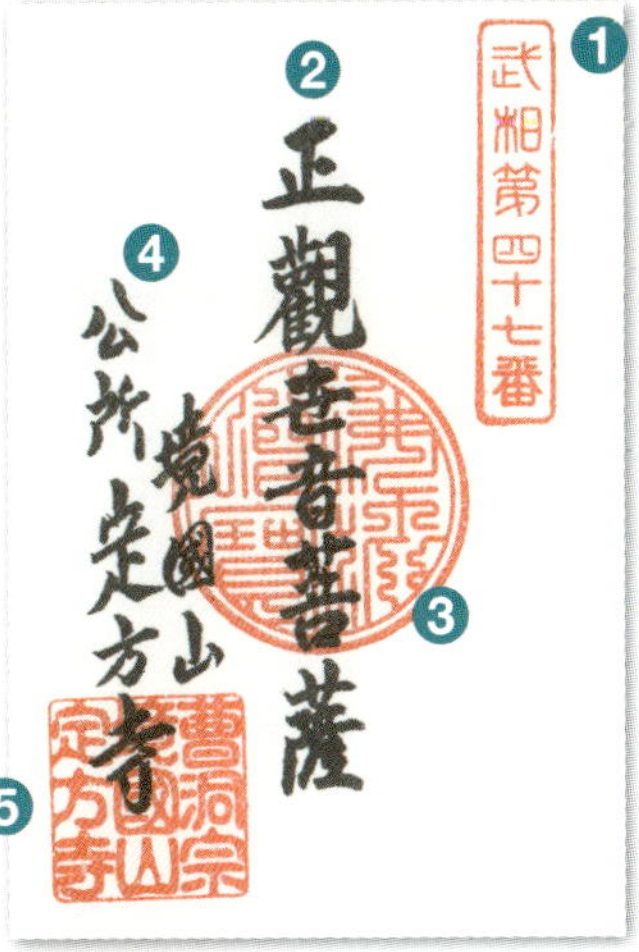

❶武相四十七番
❷正觀世音菩薩
❸仏法僧宝
❹境国山　公所　定方寺
❺曹洞宗境國山定方寺

公立公所学校の創立まで続いたという。

石柱の山門を入って、正面にある本堂には、正観世音菩薩が安置されている。本堂向かって左手には、瘡守《かさもり》稲荷堂がある。ご神体は、狐に乗った女神像で、疱瘡《ほうそう》や吹出物に霊験があるとされ、地域の人々から信仰されている。

また、境内には、平和聖観音像が立つ。檀信徒戦没者の鎮魂供養と世界恒久平和を祈念して、昭和50（1975）年に建立された。

ワンモアポイント

戦時下の学童集団疎開に際しては、境内の寮に18名の学童を受け入れたという。

第48番

淵《えん》源《げん》山《ざん》 龍《りゅう》像《ぞう》寺《じ》

曹洞宗

MAP P103

開基＝淵辺伊賀守義博
開創＝不詳
本尊＝釈迦牟尼仏

▲本堂。境内は植栽や石灯篭、岩を配置し庭園風に整備されている

龍頭寺、龍像寺、龍尾寺を統合。大蛇退治の逸話が伝わる寺

暦応年間（1338～41年）に、村の東にあった大きな池に棲む大蛇を地頭の淵辺伊賀守義博が退治したところ、体が三つに飛び散ったという。それを各々の場所に葬り、天台沙門存光師を招いて龍頭寺、龍像寺、龍尾寺を建立。その後、三寺とも荒廃したため、弘治2（1556）年、巨海《こかい》才大《さいだい》和尚《おしょう》が三寺を龍像寺に統合して再興、曹洞宗の寺となったと伝えられる。寺宝として、この「大蛇の骨片」と

御詠歌

仰《あ》ふぎみる
淵辺《ふちのべ》の里《さと》の
龍寺《りゅうでら》の
御恵《みめぐ》み深《ふか》き
慈悲観世音《じひかんぜおん》

DATA

住所 神奈川県相模原市中央区東淵野辺3-25-1
問い合わせ ☎042-752-2366
拝観時間 9:00～17:00
アクセス JR横浜線「古淵」駅から、車で約3分。
駐車場 あり

▲小高い丘に建つ六角形の観音堂

▲山門にいたる坂道は龍像寺坂と名付けられている

▲坂の修復の際に立てられた新しいお地蔵さま

▲木々の緑を背景に鐘楼が建っている

義博が使用したとされる「矢じり」が保管されている。

龍像寺は、JR横浜線淵野辺駅の北西、境川沿いにある。

山門を入ると正面に本堂があり、左手に鐘楼がある。本堂の左側の小高い丘には六角形の観音堂があり、そのまわりに、釈迦如来の生涯レリーフが飾られている。札所の観音は、聖観世音菩薩である。

墓所内には、江戸時代この地の領主であった、旗本岡野氏一族の墓地があり、相模原市指定史跡となっている。

ワンモアポイント

明治時代には寺子屋を継いで「淵博（えんぱく）学舎」が開かれたという。

御朱印

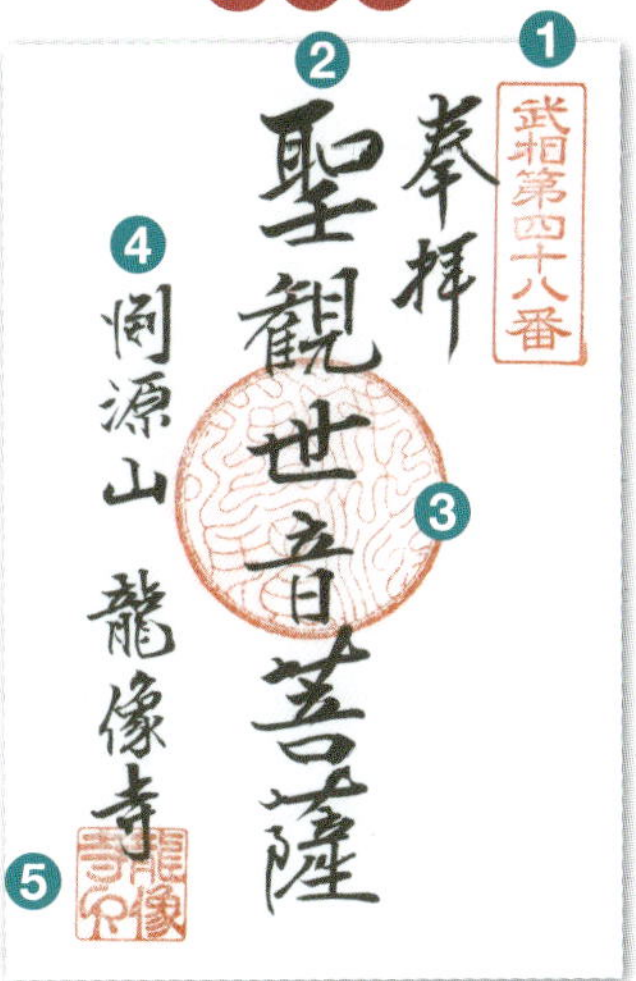

❶武相第四十八番　奉拝
❷聖観世音菩薩
❸仏法僧宝
❹淵源山　龍像寺
❺龍像寺印

武相四十八観音霊場 MAP 1

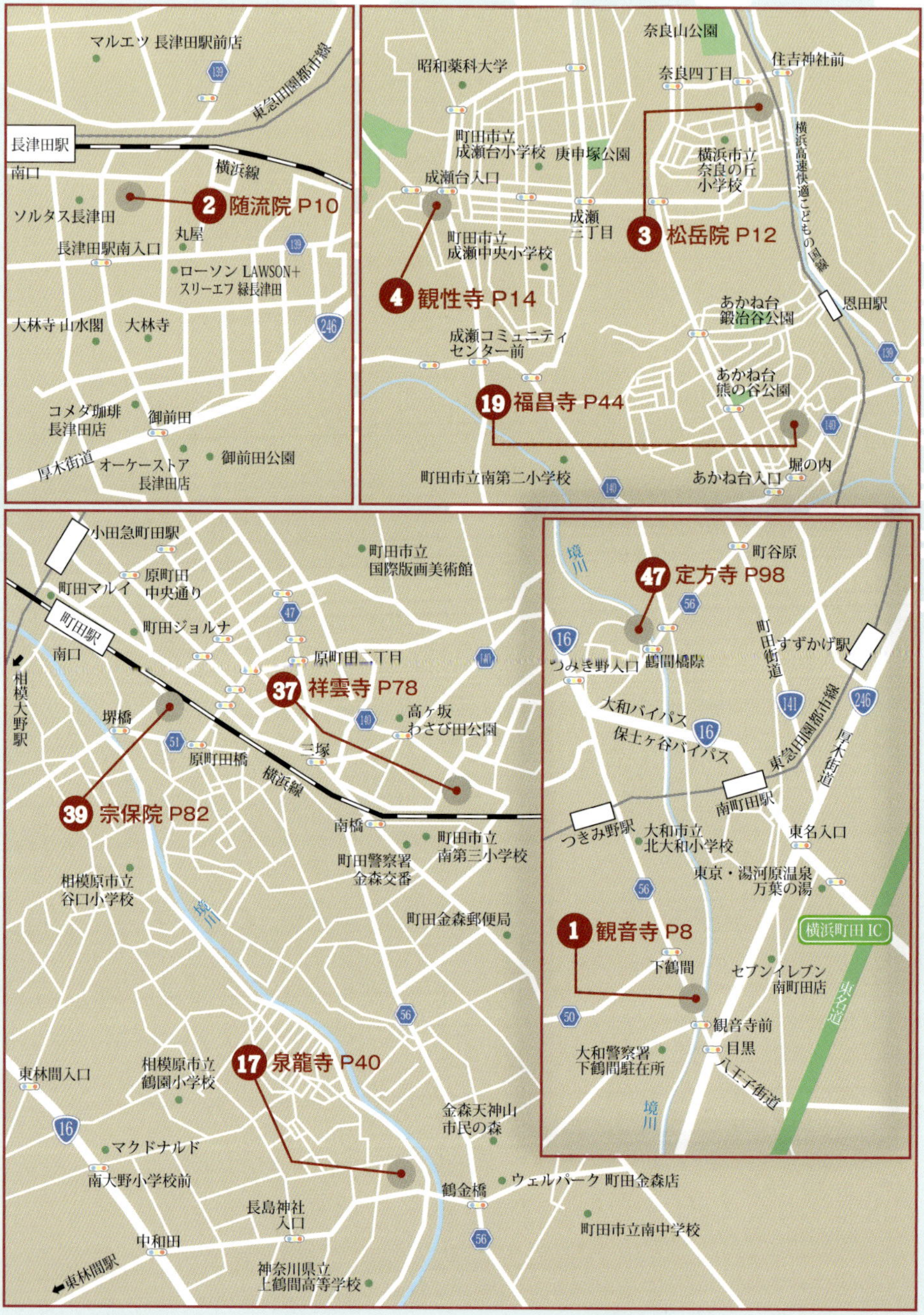

第１日目＝①観音寺→㊼定方寺→⑰泉龍寺→㊴宗保院→㊲祥雲寺→④観性寺→③松岳院→⑲福昌寺→②随流院

第２日目＝⑤養運寺→㉝覺圓坊→㊽龍像寺→㉚高巌寺 元町観音堂→㉛観心寺→㉜清水寺→㉘㉙福生寺

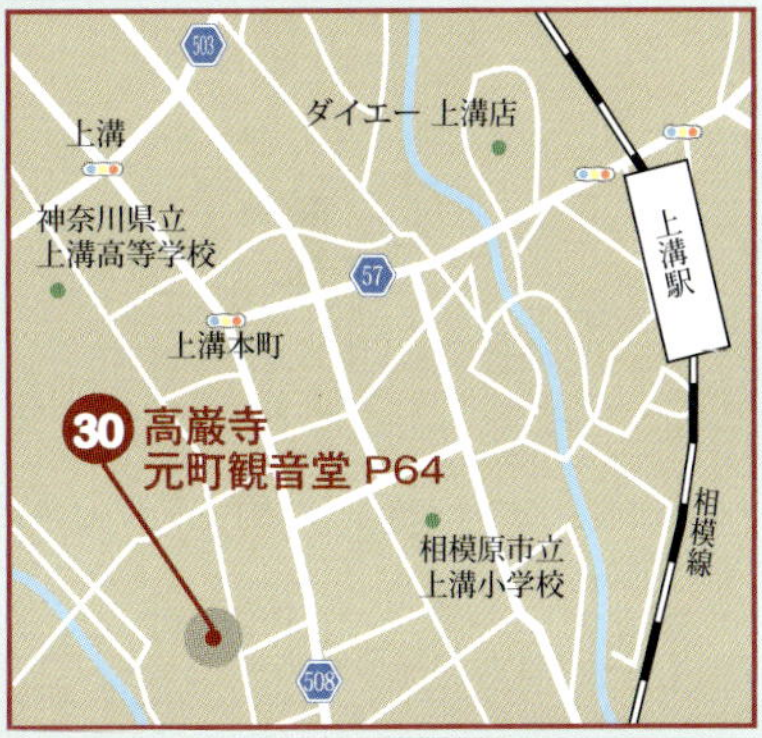

武相四十八観音霊場 MAP 2

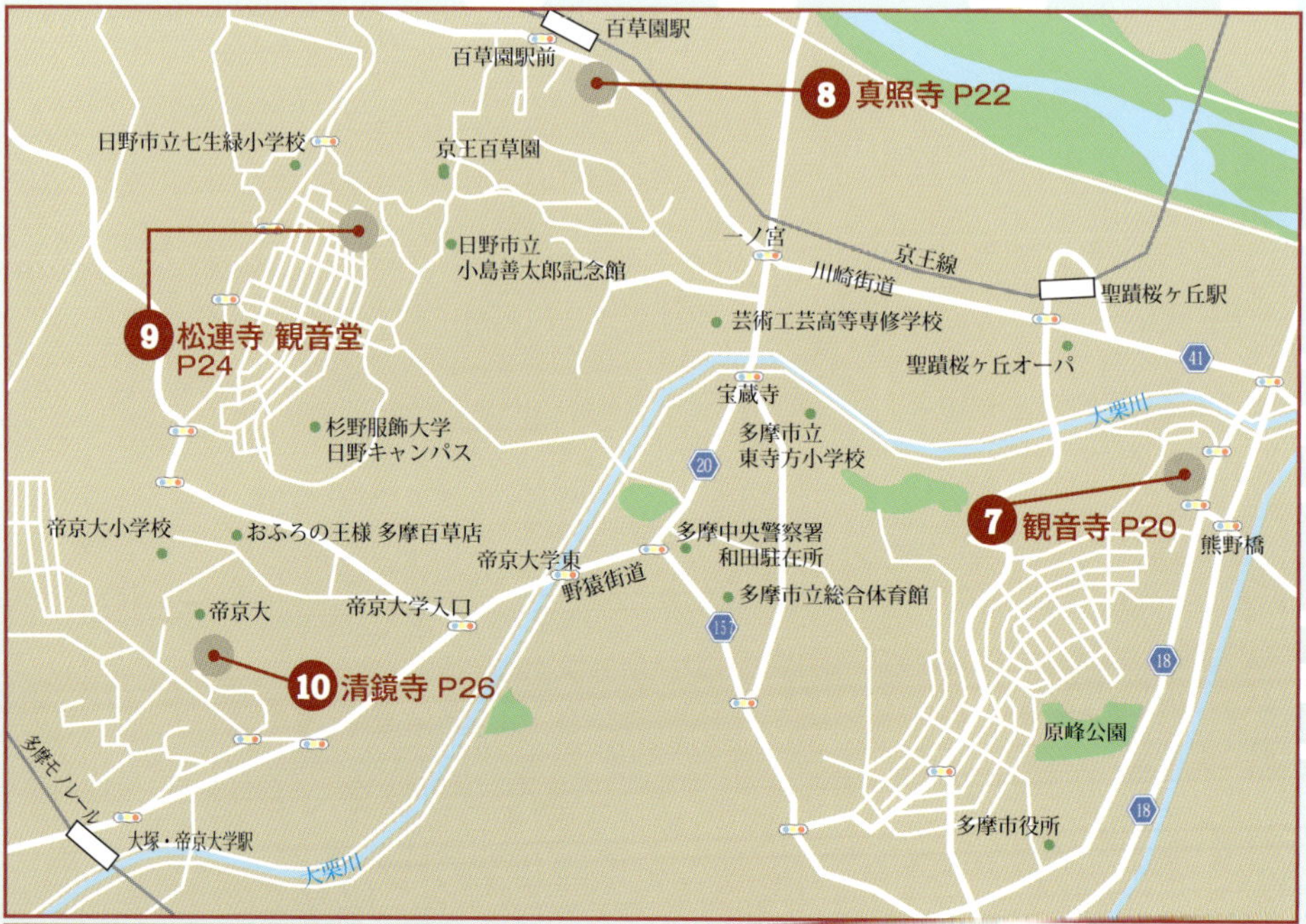

第3日目＝⑦観音寺→⑧真照寺→⑨松連寺 観音堂→⑩清鏡寺→㊱圓通庵（養樹院内）→⑪大泉寺→㉞泉蔵寺→⑥千手院→㊺観泉寺

第4日目＝⑫保井寺→⑬玉泉寺→㊶永林寺→㊹宗印寺→㊵永昌院→㉟観音堂→⑭永泉寺→㉗清水寺

武相四十八観音霊場 MAP 3

第5日目＝⑮福傳寺→⑯金剛院→㊸信松院→⑳喜福寺→㊷慈眼寺

第6日目＝㊻吉祥院→㉑長安寺→㉒真覚寺→㉓興福寺→⑱高乗寺→㉔大戸観音堂→㉕普門寺→㊳慈眼寺→㉖長徳寺

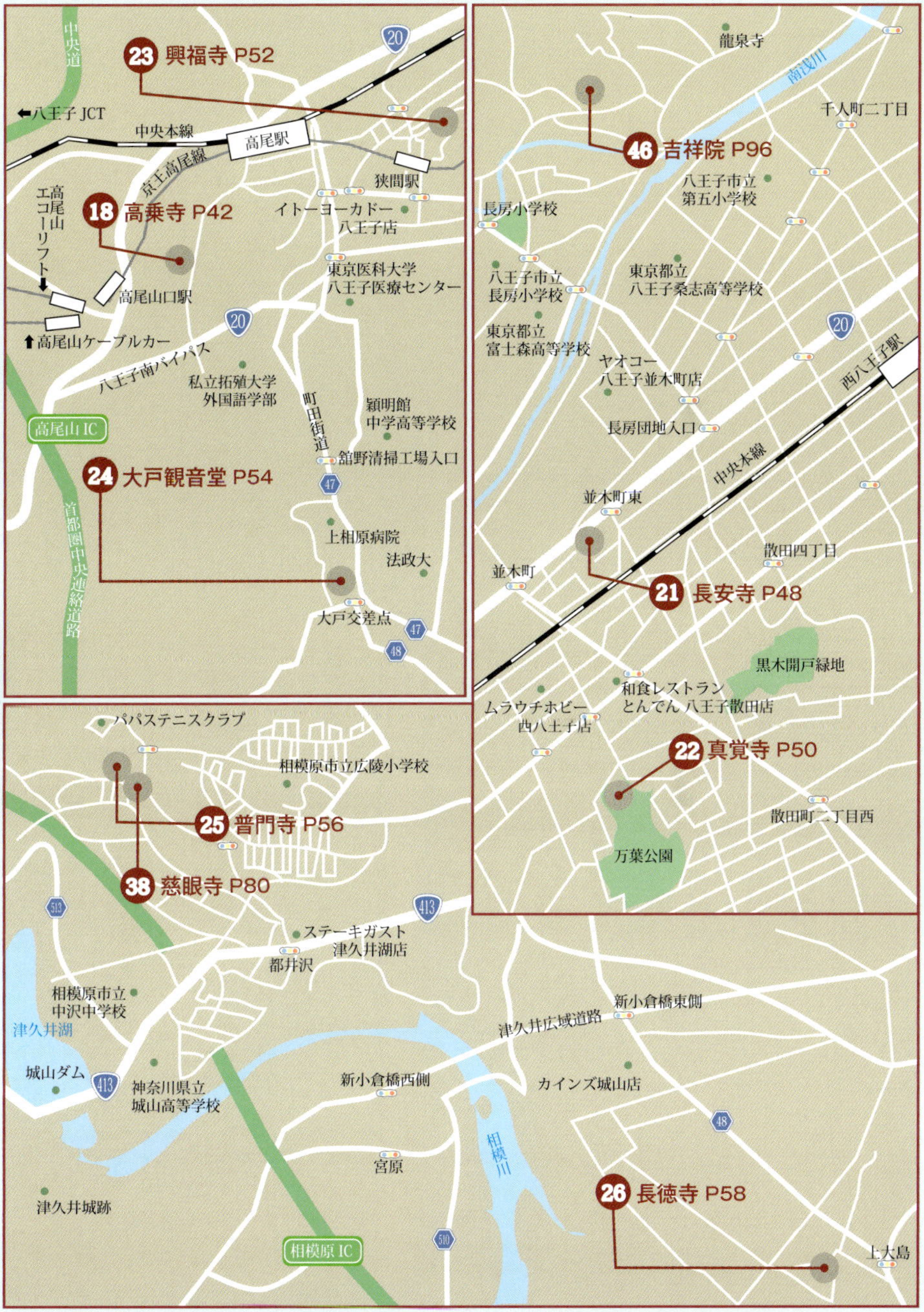

Column

日野七福神

浅川沿いをのんびりと散策。七福神と新選組ゆかりの地をめぐろう

❶真照寺（恵比寿天）

京王線の百草園駅下車、徒歩5分。真言宗智山派で高幡山金剛寺の末寺だった真照寺は、弘意《こうい》僧都《そうず》が長和年に開山したといわれている。

❷石田寺（福禄寿）

百草園駅に戻り北へ進み、浅川沿いを散策しながら新井橋を渡ると、左手に石田寺。樹齢400年のカヤの木の脇には土方歳三の墓所がある。開基は康安元（1361）年、時の国司が天下太平国土安穏を祈願して創建したと伝えられる。

❸安養寺（毘沙門天）

多摩都市モノレール万願寺駅を越えて日野バイパスを西へ進むと右側に安養寺がある。ここは高幡不動の末寺だが、創立は明らかではない。本尊の阿弥陀仏如来座像は平安時代後期の作といわれ、東京都重宝に指定されている。

❹高幡不動尊金剛寺（弁財天）

日野バイパスを渡り「ふれあい橋を」越えると高幡不動尊駅。構内を抜け参道へ。平安時代初期に慈覚大《じかくだい》師円仁《しえんにん》が山中に不動堂を建立し、不動明王を安置したのに始まる高幡不動尊。

❺延命寺（寿老尊）

寿老尊が祀られる延命寺の開基は不詳。南北朝時代とも、新田義貞の鎌倉攻めで落武者の内藤一族が帰農し、戦死者や先祖を弔うため建立したとも伝えられる。

❻善生寺（子宝大黒天）

正保《しょうほ》2（1645）年、地頭大久保勘三郎忠良《おおくぼかんざぶろうただよし》が息女を亡くし、菩提所として建立した。境内左手に祀られる大黒天は、平成10（1998）年に勧請され「子宝大黒天」と命名された。

❼宗印寺（布袋尊）

ラストの布袋尊が祀られる宗印寺。開基は慶長4（1599）年と伝えられる。都の旧跡平山季重の墓があり、木造薬師如来座像は日野市有形文化財に指定されている。

善生寺の子宝大黒天

歩行時間……3時間25分

歩行距離……約11.4km

日野七福神めぐりの御朱印（300円）用の七福神色紙（300円）は、各寺院で授かることができるので、コースの起点となる寺に参拝した際に受けるのがいいだろう。

多摩十三仏霊場

多摩十三仏霊場は、多摩市仏教会よって平成6（1994）年8月に開創された。第二次世界大戦で亡くなられた方々の御霊の五十回忌追善供養と世界平和を祈念して、十三仏を多摩市内の寺院に各一尊（仏）を奉安したものである。十三仏とは、初七日から三十三回忌まで計13回の故人の法要で、各回の本尊とする13の仏や菩薩のこと。亡き人はこの13の仏に守られ、導かれて成仏するとされる。十三仏はそれぞれ異なる徳を持っており、宗派に関係なく先祖供養、死者を守護する仏として広く信仰されている。

▲多摩十三仏霊場第1番の不動明王像

▲狭い参道の先にある山門の両脇には金剛力士の石像が立っている

▲落ち着いた佇まいの本堂には、御本尊、釈迦如来像が祀られている

第1番

瑠《る》璃《り》光《こう》山《ざん》 観《かん》蔵《ぞう》院《いん》

曹洞宗

MAP P123

開山＝含室傳秀大和尚
開基＝有山左衛門
開創＝建長7（1255）年
十三仏＝不動明王

聖蹟桜ヶ丘に近い七福神のある寺

建長7（1255）年、寿徳寺（多摩市）四世の含室傳《がんしつでん》秀《しゅう》大和尚《だいおしょう》が曹洞宗の寺として開山。開基は有山左衛門。かつて本尊は薬師瑠璃光如来だったが、現在は釈迦如来である。

観蔵院は、京王線聖蹟桜ヶ丘駅に程近い市街地にある。山門を入ると正面に本堂が見える。札所一番の不動明王は、本堂右手の鐘楼近くに祀られている。また、境内には七福神すべてが安置されている。

御朱印

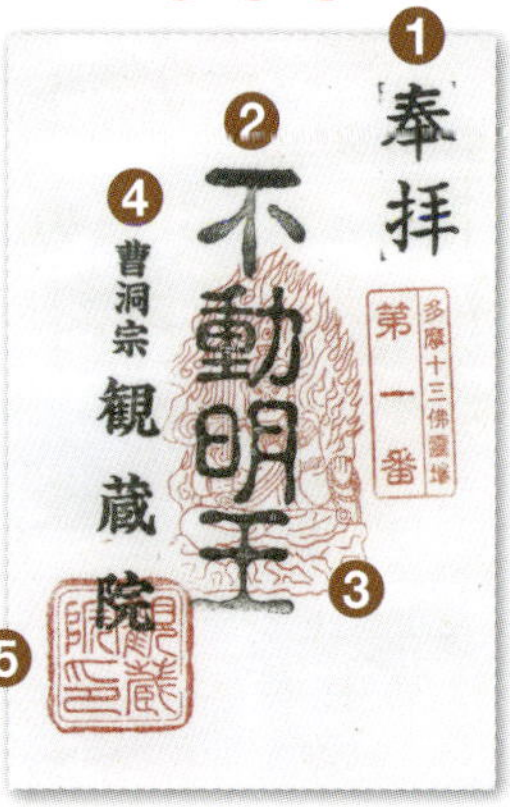

❶奉拝　多摩十三仏霊場第一番
❷不動明王
❸不動明王（画）
❹曹洞宗　観蔵院
❺観蔵院印

DATA

住所 多摩市東寺方1-3-15
問い合わせ ☎042-339-8081
拝観時間 9:00〜17:00
アクセス 京王線「聖蹟桜ヶ丘」駅から、徒歩約4分。

第2番

関門山《かんもんざん》 延命寺《えんめいじ》

時宗

MAP P123

開基＝遊行第48代賦国上人
開創＝不明
十三仏＝釈迦如来

▲多摩十三仏霊場第2番の釈迦如来像

▲関戸古戦場跡にある地蔵堂の左側の道を行くと、延命寺山門に出る

▲御本尊、阿弥陀如来像が祀られる本堂。左手前に釈迦如来像がある

関戸古戦場跡地にあるお寺

延命寺は、京王線聖蹟桜ヶ丘駅の南東、鎌倉幕府軍と倒幕新田義貞《にったよしさだ》軍とが戦った関戸古戦場跡地にある。山門を入ると左手に六地蔵が並び、本堂の前に札所二番の釈迦如来像が祀られている。

創建は不詳だが、この地にあった庵室を清浄光寺（藤沢市）住持普国の隠居寺と定めて一寺とした。第四世春登《しゅんとう》は文化14（1817）年に語学書「万葉用字格」を著わすなど、地域文化に貢献した。

御朱印

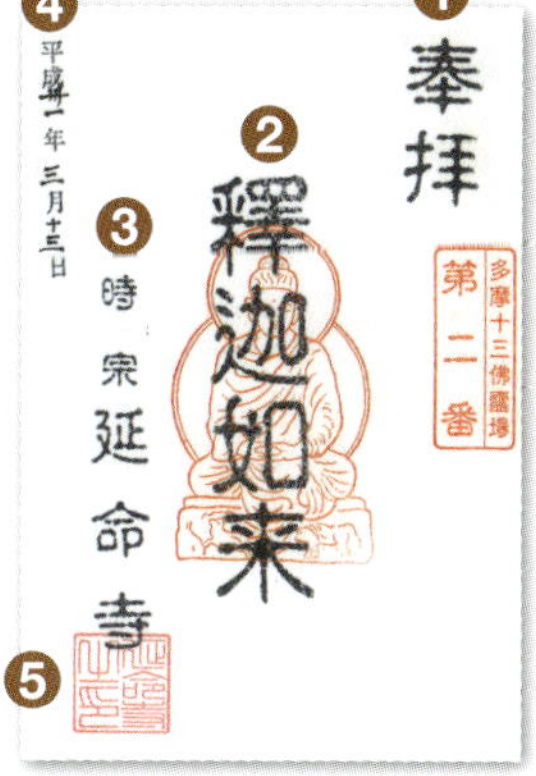

❶奉拝　多摩十三佛靈場　第二番
❷釈迦如来　釈迦如来（画）
❸時宗　延命寺
❹日付
❺延命寺之印

DATA

住所　多摩市関戸5-24-3
問い合わせ　☎042-374-3896
拝観時間　9:00～17:00
アクセス　京王線「聖蹟桜ヶ丘」駅から、徒歩約10分。

第3番

慈眼山《じげんさん》 宝泉院《ほうせんいん》

真言宗

MAP P123

開基＝不詳
開創＝不明
十三仏＝文殊菩薩

▲多摩十三仏霊場第3番の文殊菩薩像

▲山門の脇には地蔵のほかに馬頭観音供養塔、庚申塔も安置されている

▲本堂には本尊の十一面観音菩薩のほか千手十一面観音などが祀られる

多摩大観音像がそびえるお寺

創建は不詳だが、墓石に寛永年間（1624～43年）のものがあることから、江戸時代初期の開創と考えられる。宝泉院の山門の脇には、地蔵菩薩、萬平《まんぺい》地蔵などの石像が並ぶ。境内に入ると手水舎の左奥に、文殊菩薩《もんじゅぼさつ》が祀られている。また、通称、ぼけ封じ薬師といわれる薬師堂がある。平成13（2005）年には、身丈4・8メートル、高さ約10メートルの多摩大観音が建立された。

御朱印

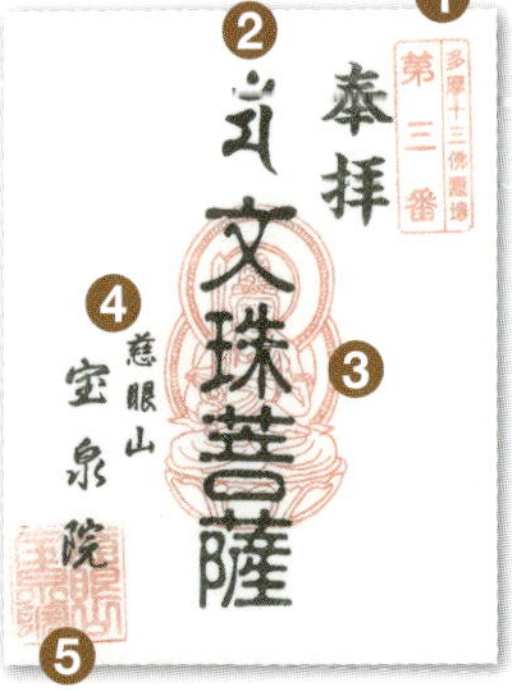

❶多摩十三佛霊場　第三番　奉拝
❷梵字　文殊菩薩
❸文殊菩薩（画）
❹慈眼山　宝泉院
❺慈眼山宝泉院

DATA

住所　多摩市東寺方495
問い合わせ　☎042-374-2020
拝観時間　9:00～17:00
アクセス　京王線「聖蹟桜ヶ丘」駅からバスで、「宝蔵橋」下車、徒歩約1分。

第4番

青木山《あおきさん》 東福寺《とうふくじ》

真言宗

●多摩八十八ヶ所第十三番

MAP P123

開基＝不詳
開創＝不明
十三仏＝普賢菩薩

▲山門の前に「多摩八十八箇所霊場第十三番札所」を示す石標がある

▲本堂前に弘法大師像が立ち、堂内には御本尊、不動明王が祀られる

▲多摩十三仏霊場第4番の普賢菩薩像

落合白山神社の別当だった寺

東福寺は小田急・京王多摩センター駅の南東、落合白山神社のとなりにある。慶長年間（1596～1615年）まで上落合掘合堰にあったが、元和4（1618）年に現在地に移転。落合白山神社の別当を兼ねていたという。高幡不動金剛寺（日野市高幡）の末寺で、御本尊は不動明王。札所四番の普賢菩薩《ふげんぼさつ》は本堂の階段横に祀られている。境内には弘法大師修行像、六地蔵、水子地蔵などが安置される。

御朱印

❶多摩十三佛霊場　第四番
❷奉拝　多摩十三佛
❸普賢菩薩　普賢菩薩（画）
❹青木山東福寺
❺青木山東福寺

DATA

住所　多摩市落合2-1-5
問い合わせ　☎042-374-8702
拝観時間　9:00～17:00
アクセス　京王・小田急「多摩センター」駅からバスで、「東福寺前」下車。

第5番

慈《じ》眼《げん》山《ざん》 観《かん》音《のん》寺《じ》

真言宗

- 武相四十八観音 第七番
- 多摩川三十四観音 第十二番
- 多摩八十八ヶ所 第十六番

MAP P123

開基＝唐僧
開創＝建久三（1192）年
十三仏＝地蔵菩薩

いくつもの観音霊場札所になる寺

観音寺がある多摩市関戸は、鎌倉幕府軍と倒幕新田義貞《にったよしさだ》軍との古戦場として知られる。

建久3（1192）年、唐僧が聖観世音菩薩を草庵に安置したのが始まりという。「関戸観音堂」と呼ばれた昔から、今なお観音様の寺として信仰され、多くの観音霊場の札所である。本堂の前には、御本尊の写しとして、ゆるキャラ風の「なで観音」が鎮座。地蔵菩薩は、境内の一角に木々の緑を背景に立っている。

▲多摩十三仏霊場第5番の地蔵菩薩像

▲観音寺境内は高台にあり、本堂も長い石段を上った先にある

▲たいへん珍しい石仏の六観音は、天明元（1781）年に奉納された

御朱印

①多摩十三佛霊場　第五番
　多摩十三佛霊場　奉拝
②地蔵菩薩　地蔵菩薩（画）
③慈眼山　観音寺
④慈眼山観音寺

DATA

住所 多摩市関戸5-31-1
問い合わせ ☎042-375-7432
拝観時間 9:00～17:00
アクセス 京王線「聖蹟桜ヶ丘」駅からバスで、「関戸」下車、徒歩約2分。

第6番

貝取山《かいどりざん》 大福寺《だいふくじ》

曹洞宗

MAP P123

開山＝超巌守宗和尚
開基＝行經大師
開創＝文禄4（1595）年
十三仏＝弥勒菩薩

▲本堂には御本尊の華厳釈迦牟尼仏が祀られている

▲地蔵堂に安置されている地蔵菩薩は行基作と伝えられる

▲多摩十三仏霊場第6番の弥勒菩薩像

独特な姿の弥勒菩薩像を祀る寺

壽徳寺（多摩市桜ケ丘）三世超巌守宗和尚が、文禄4（1595）年に開山したと伝えられる。大福寺は、京王・小田急永山駅の南西にある。通りに面した入口には、見事な門かぶりの松があり、石段を上った先の高台に本堂がある。本堂前にある弥勒菩薩は、左手に宝塔のある蓮華を持つ姿が特徴的である。

境内には本堂よりも古い地蔵堂があり、等身大の地蔵菩薩が祀られている。

御朱印

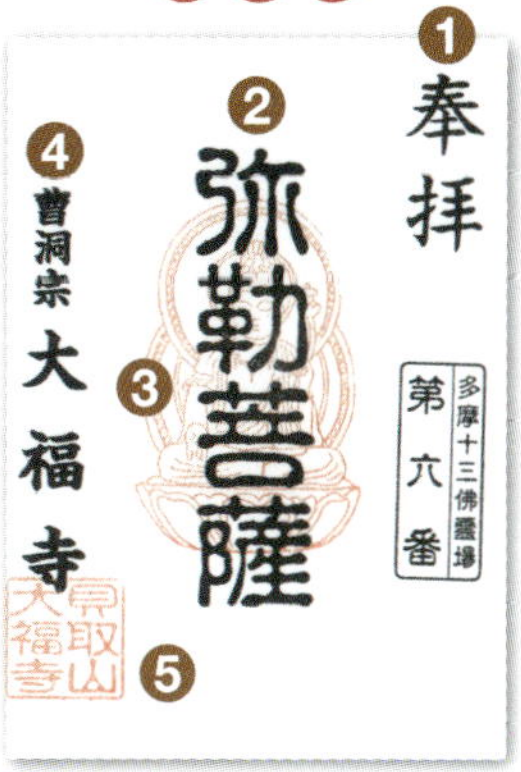

❶奉拝　多摩十三佛靈場第六番
❷弥勒菩薩
❸弥勒菩薩（画）
❹曹洞宗　大福寺
❺貝取山大福寺

DATA

住所　多摩市貝取1-55-1
問い合わせ　☎042-374-2880
拝観時間　9:00～17:00
アクセス　京王・小田急「永山」駅からバスで、「貝取神社前」下車、徒歩約2分。

第7番

和中山《わちゅうざん》 高蔵院《こうぞういん》

真言宗

●多摩八十八ヶ所 第十五番

MAP P123

開基＝不詳
開創＝室町時代
十三仏＝薬師如来

▲多摩十三仏霊場第7番の薬師如来像

▲山門の前には、弘法大師壱千百五十年御遠忌報恩塔が立つ

▲現代風の本堂には、御本尊の大聖不動明王尊が祀られている

和中不動尊として信仰される寺

高蔵院の開山は室町時代、村人が集う小さなお堂として始まったとされる。御本尊は、大聖不動明王で、「和中不動尊」として信仰されている。

山門を入ると、境内の庭園は整備されており、弘法大師像や本物の竹ぼうきを持った童子像などが配置されている。札所七番の薬師如来も、この庭園内に安置されている。

また、境内の片隅には稲荷大明神と金毘羅大権現を祀る社もある。

御朱印

❶奉拝　多摩十三佛霊場　第七番
❷梵字　薬師如来
❸薬師如来（画）
❹和中山　髙藏院
❺和中山髙藏院

DATA

住所 多摩市和田728

問い合わせ ☎042-374-2869

拝観時間 9:00～17:00

アクセス 京王線「聖蹟桜ヶ丘」駅からバスで、「愛宕神社前」下車、徒歩約8分。

第8番

神明山《しんみょうざん》 高西寺《こうざいじ》

曹洞宗

MAP P123

開山＝超巌守宗和尚
開基＝不詳
開創＝慶長4（1599）年
十三仏＝観音菩薩

▲仁王像のある山門裏には、江戸時代の旧山門にあった彫物を展示

▲本堂には、本尊の釈迦牟尼仏座像が祀られている

▲多摩十三仏霊場第8番の聖観音菩薩像

雨乞いの龍の伝説が残る寺

寿徳寺（多摩市桜ヶ丘）三世超巌守宗和尚が、慶長4（1599）年に開山した。山門の裏には旧山門の中央にあった龍の彫物が展示されている。この龍の喉には、釘を刺した痕がある。雨が降らず飢餓状態だった農民を救うために、龍が水を飲めないように釘を刺したところ雨が降ったという伝説が残っている。

札所八番の聖観音菩薩像は、境内横の墓地の前に、地蔵菩薩と並んで安置されている。

御朱印

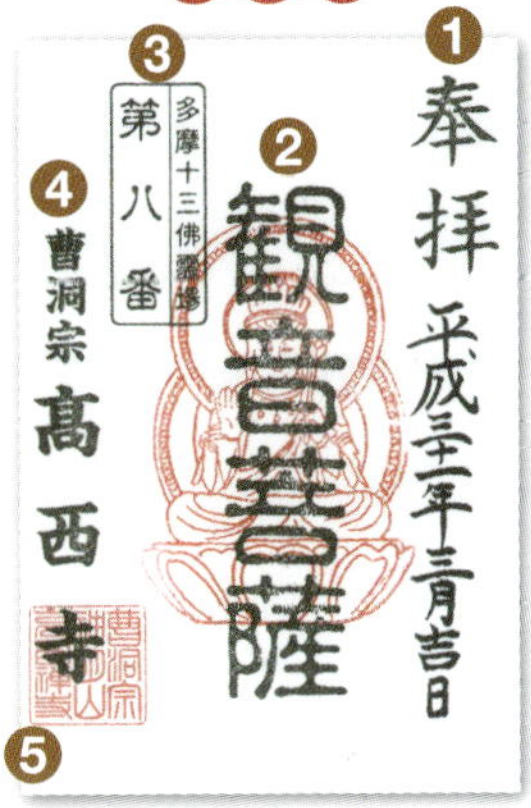

❶奉拝　日付
❷観音菩薩　観音菩薩（画）
❸多摩十三佛霊場　第八番
❹曹洞宗　高西寺
❺曹洞宗神明山高西禅寺

DATA

住所　多摩市連光寺2-24-1
問い合わせ　☎042-374-6040
拝観時間　9:00～17:00
アクセス　京王線「聖蹟桜ヶ丘」駅からバスで、「春日神社前」下車、徒歩約2分。

第9番

永山阿弥陀堂《ながやまあみだどう》

京王線永山駅近くにある阿弥陀堂

吉祥院（多摩市豊ヶ丘）の分院であり、尼寺であったと伝えられる。永山阿弥陀堂は、京王線永山駅近く、日本医科大学病院の裏手にある。坂道を登っていくと入口には、享保元（１７１６）年に六十六部供養塔として建立された地蔵菩薩が祀られている。法華経の経典を六十六ヶ所の寺に納めて歩いた者が、達成した記念に立てたのだという。札所九番の勢至菩薩《せいしぼさつ》は、お堂の前に安置されている。

MAP P123

開基＝不詳
開創＝不明
十三仏＝勢至菩薩

▲多摩十三仏霊場第9番の勢至菩薩像

▲阿弥陀堂への坂道の入口に「多摩十三仏九番所」を示す看板が立つ

▲こぢんまりしたお堂には、本尊の阿弥陀如来が祀られている

御朱印

❶奉拝
❷多摩十三佛霊場　第９番
❸勢至菩薩　勢至菩薩（画）
❹永山　阿弥陀堂
❺阿弥陀堂

DATA

住所　多摩市永山1-8-9

問い合わせ

☎042-374-1175（馬場宅）

拝観時間　9:00～17:00

アクセス　京王・小田急「永山」駅から、徒歩約5分。

第10番

冠木《かぶき》山《さん》 真《しん》明《みょう》寺《じ》

真言宗

MAP P123

開基＝僧海和尚
開基＝不詳
開創＝慶長年間（1596～1614年）
十三仏＝阿弥陀如来

▲多摩十三仏霊場第10番の阿弥陀如来像

▲簡素な造りの山門をくぐると、少し左に本堂が見える

▲旧本堂の柱や組みものを内部に使用し、昭和50年に改築された本堂

安土桃山時代創建の高幡不動尊の末寺

真明寺は、京王線聖蹟桜ヶ丘の北西、日野市との境近くに位置する。慶長年間（1596～1614年）、僧海和尚が創建したという高幡不動尊（日野市高幡）の末寺である。本尊は十一面観世音菩薩像で、鎌倉時代の作といわれている。本堂の右手前に閻魔《えんま》大王像（水かけ閻魔さま）があり、阿弥陀如来は、その隣のお堂の中に安置されている。他にも水子地蔵菩薩、六地蔵などが祀られている。

御朱印

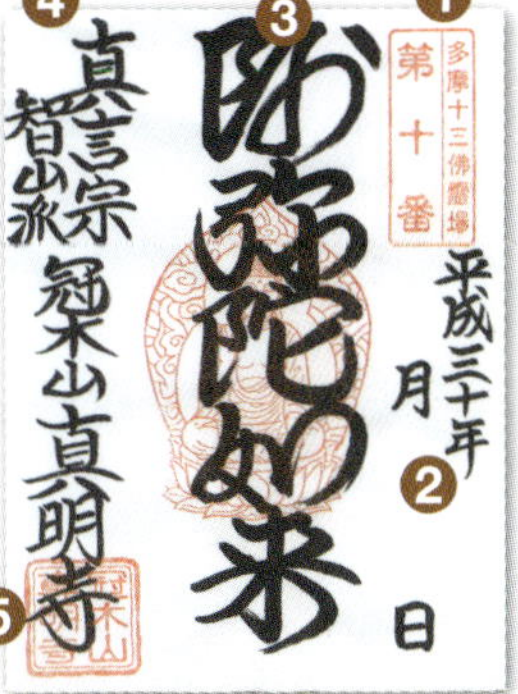

❶多摩十三佛霊場　第十番
❷日付
❸阿弥陀如来　阿弥陀如来（画）
❹寺真言宗智山派冠木山真明寺
❺冠木山真明寺

DATA

住所 多摩市一ノ宮1-38-1
問い合わせ ☎042-375-6242
拝観時間 9:00～17:00
アクセス 京王線「聖蹟桜ヶ丘」駅からバスで、「真明寺」下車、徒歩約3分。

第11番

唐澤山《からさわさん》 吉祥院《きちじょういん》

真言宗智山派

●多摩八十八ヶ所 第十四番
●東国花の寺百ヶ寺 第七番

MAP P123

開山＝尊慶和尚
開創＝不明
十三仏＝阿閦如来

▲多摩十三仏霊場第11番の阿閦如来像

▲山門の手前には六地蔵尊があり、正面に本堂が見える

▲昭和44（1969）年建立の本堂には本尊の不動明王が祀られている

馬頭観世音菩薩が祀られている寺

創建年代は不詳だが、尊慶《そんけい》和尚《わしょう》が開山したと伝えられる。山門を入ってすぐ右に、阿閦《あしゅく》如来《にょらい》が安置されている。境内には護摩堂があり、馬頭観音、不動明王、干支十二支守り本尊が安置されている。馬頭観音は江戸時代、観音堂に祀られていたものだという。以前は東京都天然記念物に指定される樹齢600年のしだれ桜があったが、昭和39（1964）年の台風被害で枯れ、今はその子孫3本が残っている。

御朱印

❶奉拝
❷多摩十三佛霊場　第十一番
❸阿閦如来　阿閦如来（画）
❹唐澤山　吉祥院
❺吉祥院執事童

DATA

住所 多摩市豊ヶ丘1-51-2
問い合わせ ☎042-374-2871
拝観時間 9:00〜17:00
アクセス 京王・小田急「多摩センター」駅からバスで、「落合東」下車、徒歩約2分。

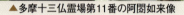

第12番

吉祥山《きちじょうさん》　壽徳寺《じゅとくじ》

曹洞宗

MAP P123

開闢＝念阿法印護法入道和尚
創建＝明徳元（1390）年
再興開山＝日舜宗慧大和尚
再興開基＝佐伯一助道永庵主
十三仏＝大日如来

▲多摩十三仏霊場第12番の大日如来像

▲寺号標と白壁の塀がある入口から石段を上ると山門がある

▲威厳のある本堂を中心に美しく整備され、緑豊かな境内である

地域の中心であった緑豊かな寺

明徳元（1390）年に、念阿法印護法が真言宗寺院として創建。その後、天文10（1541）年、日舜宗慧によって再興開山曹洞宗の寺となった。壽徳寺の末寺には観蔵院、高西寺、大福寺のほか、すでに廃寺になった寺もあり、地域の中心となる寺院であった。

札所12番の大日如来は、本堂左に安置されている。境内には、慈母観音、子育て延命地蔵、薬師如来、六地蔵など、多数の仏像がある。

御朱印

❶奉拝
❷多摩十三佛霊場　第十二番
❸大日如来　大日如来像（画）
❹曹洞宗壽徳寺
❺吉祥山壽徳寺

DATA

住所　多摩市桜ヶ丘4-26-3
問い合わせ　☎042-375-7157
拝観時間　9:00〜17:00
アクセス　京王線「聖蹟桜ヶ丘」駅からバスで、「浄水場前」下車、徒歩約7分。

第13番

太《たい》平《へい》山《ざん》 妙《みょう》櫻《おう》寺《じ》

日蓮宗

MAP P123

開山＝鈴木日壽上人
開創＝昭和53（1978）年
十三仏＝虚空蔵菩薩

▲多摩十三仏霊場第13番の虚空蔵菩薩像

▲明るい雰囲気の本堂は窓が多く、ガラス越しにも中の様子が見える

▲日蓮宗の寺院であることがわかる「南無妙法蓮華経」の石碑

昭和に入って開山された新しいお寺

太平山妙櫻寺は京王・小田急多摩センター駅の南西、恵泉女学園大学の近くにある。前身である妙櫻教会は、昭和27（1952）年、杉並区に設立。昭和53（1978）年に現在地に移転し、寺号を妙櫻寺と改称した。開山は、鈴《すず》木《き》日壽《にちじゅ》上人《しょうにん》、本尊は日蓮宗尊定の大曼荼羅《だいまんだら》である。本堂には大願成就の三吉坊、祈祷本尊鬼子母尊神、開運大黒福壽尊天が安置。虚空蔵菩薩は、本堂前に祀られている。

御朱印

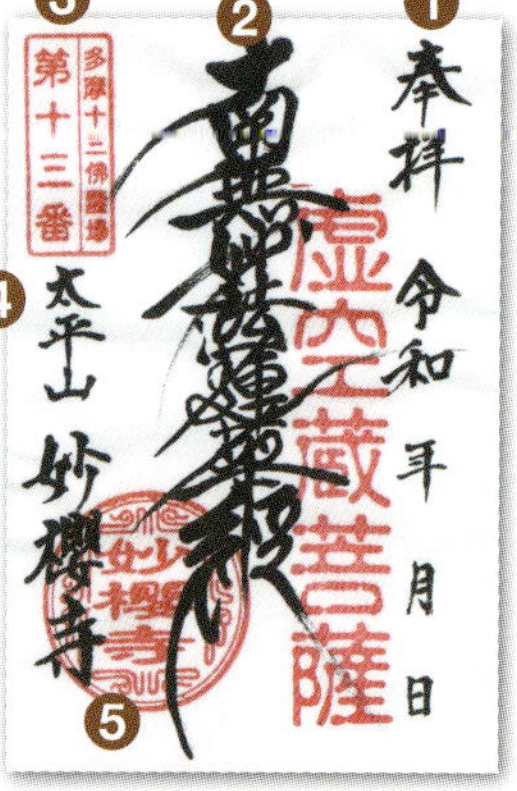

❶奉拝　日付　虚空蔵菩薩
❷南無妙法蓮華経
❸多摩十三佛霊場　第十三番
❹太平山　妙櫻寺
❺妙櫻寺

DATA

住所 多摩市南野1-3-1
問い合わせ ☎042-371-6147
拝観時間 9:00〜16:00
アクセス 京王・小田急「多摩センター」駅からバスで、「豊ヶ丘六丁目」下車、徒歩約5分。

第1日目＝❶観蔵院→❿真明寺→❷延命寺→
❽高西寺→❺観音寺→⑫壽徳寺→
❸宝泉院

多摩十三仏霊場 MAP 1

第2日目＝⑨永山阿弥陀堂→⑥大福寺→⑦高蔵院→⑪吉祥院→④東福寺→⑬妙櫻寺

多摩十三仏霊場 MAP 2

甲州街道で栄えた町の古き良き歴史をめぐるコース

八《はち》王《おう》子《じ》七《しち》福《ふく》神《じん》

① 恵比寿天 成田山伝法院《なりたさんでんぽういん》

●東京都八王子市南新町4

文禄4（1595）年、八王子嶋之坊宿（現日吉町）に創立され、のちに現在地に移転。明治時代に作られた石塀と石灯籠が現存し、当時栄えた店の屋号や遊郭の名が刻まれている。

▼小さな恵比寿堂は昭和25（1950）年に建立されたもの

② 毘沙門天 本立寺《ほんりゅうじ》

●東京都八王子市上野町11-1

永禄9（1566）年の開山。第二次大戦の際に焼失したが、本尊と寺宝はその難を逃れた。現在の本堂は、昭和28（1953）年に立教開宗700年の記念として落成された。毘沙門天は通常、剣や鉾を持っているが、当寺の像は長刀を持つめずらしい姿。長刀で災難をなぎ払うご利益があるという。

▼新本堂は総檜造り、銅板葺き、建坪60坪の大伽藍

③ 福禄寿 金剛院《こんごういん》

●東京都八王子市上野町39-2

弘法大師空海の法灯を継ぐ高野山真言宗の寺院。天正4（1576）年創建。本尊は不動明王で、平成4年に高野山金剛峯寺の別格本山となった。昭和37（1962）年に東京都重要文化財に指定された「紙本著色高野山図会」、鎌倉時代の「十六善神図」などを都文化財収蔵展示室に保存している。

▼整備された石畳に凛とした空気が感じられる境内

④ 布袋尊 信松院《しんしょういん》

●東京都八王子市台町3-18-28

天正18（1590）年、信松尼が心源院より八王子御所水の草庵に移転したのが創建とされる。「軍船ひな形・寄進目録」（東京都指定文化財）、「松姫坐像」（八王子市指定文化財）を保存。「信松尼墓」は市指定史跡である。布袋像は観音堂地階に安置。お腹をさすると福徳を授かるという。

▼デザイン性に優れ歴女にも人気のある信松院観音堂

⑤ 走大黒天

善龍寺《ぜんりゅうじ》

●東京都八王子市元本郷町1-1-9

開基は長享2（1488）年、本妙院《ほんみょういん》日英《にちえい》上人《しょうにん》による。江戸期には国定忠治の子分、清水のガン鉄が寺男として寄住していたなどのエピソードがある。境内に増田蔵六の門弟が立てた碑「増田蔵六小伝」を安置。当寺の大黒天は米俵に乗って右足を前に出した姿で「走り大黒尊天」と呼ばれるもの。境内は、しだれ桜が初春を艶やかに彩る。

▼本堂の「浄行菩薩堂」内に増田蔵六の木剣を展示

⑥ 新護弁財天

了法寺《りょうほうじ》

●東京都八王子市日吉町2-1

開祖は啓運《けいうん》日澄《にっちょう》上人《しょうにん》で、延徳元（1489）年に隠居する寺として開山されたと伝えられる。その後、延徳2（1491）年に元八王子に改めて開かれ、天正18（1590）年に今の八王子日吉町に転寺した。アニメ風弁財天の看板を入り口に設置し、テーマソング「寺ズッキュン！愛の了法寺！」をリリース。「萌えるお寺」として話題になっている。

▼秋葉原でイベント展開するなど話題の「萌えるお寺」

⑦ 寿老尊 宗格院《そうかくいん》

●東京都八王子市千人町2-14-18

文禄2（1593）年、山本忠房が宗格庵と称する草庵を開いたが、興福寺六世の永雲により良价山宗格院となる。境内には、八王子を流れる浅川の氾濫を防ぐために大久保《おおくぼ》長安《ながやす》が江戸時代初期に築いた堤防の一部が残っている。この堤防は、長安の官位である石見守《いわみのかみ》にちなんで「石見土手」と呼ばれた。八王子市の史跡に指定されている。

▼墓地にある松本斗機蔵の墓は東京都指定旧跡

⑧ 吉祥天 吉祥院《きちじょういん》

●東京都八王子市長房町58-3

頼源坊が開基となり、法印《ほういん》賢盛《けんせい》を開山として応永年間（1394～1427年）に創建。宝樹房行盛法印が慶長7（1602）年に中興《ちゅうこう》したと伝えられる。昭和20（1945）年当地へ移転。本尊大日如来を安置する真言宗智山派に属する密門の寺院。福徳自在の女神である吉祥天に参拝し、さらに進むと高尾山を望む見晴らしのいい高台がある。

▼吉祥天と毘沙門天を並べて祀る

御朱印紙は宝船に乗るイラスト入り

8カ所をめぐる七福神めぐりの御朱印紙には、吉祥天を含めた8人の神様が宝船に乗るイラストが描かれている。御朱印紙代300円。御朱印代各200円。

STAFF

企画·編集·制作	スタジオパラム
● Director	清水信次
● Writer & Editor	大和田敏子 島上絹子
● Design & DTP	スタジオパラム
● Map & 写真提供	ジェイアクト
● Special Thanks	武相四十八観音霊場 多摩十三仏霊場 八王子七福神 日野七福神

多摩　札所めぐり
御朱印を求めて歩く　巡礼ルートガイド

2019年5月30日　第1版・第1刷発行

著　者　多摩巡礼倶楽部（たまじゅんれいくらぶ）
発行者　メイツ出版株式会社
代表者　三渡　治
〒102-0093 東京都千代田区平河町一丁目1-8
TEL：03-5276-3050（編集・営業）
03-5276-3052（注文専用）
FAX：03-5276-3105
印　刷　三松堂株式会社

ご意見・ご感想はホームページから承っております。

メイツ出版ホームページアドレス　http://www.mates-publishing.co.jp/

編集長:折居かおる　副編集長:堀明研斗　企画担当:清岡香奈